Anne Terzibaschitsch

Weihnachtliche Tastenträume

45 Weihnachtslieder für Klavier

zwei- und vierhändig
leicht bis mittelschwer gesetzt

Impressum

VHR 3533 / ISMN 979-0-2013-0003-0 / ISBN 978-3-920470-05-4

Notensatz: Regina Krauß, Speyer
Titelbild: Christian Seybold, Ingolstadt

Umschlaggestaltung:
Rauchbauer & Partner Werbeagentur GmbH, Gaimersheim

www.holzschuh-verlag.de

Inhalt

Die mit * gekennzeichneten Lieder (ab Seite 42) sind vierhändig gesetzt.

Joseph, lieber Joseph mein

Text: 14. Jahrhundert
Weise: 15. Jahrhundert

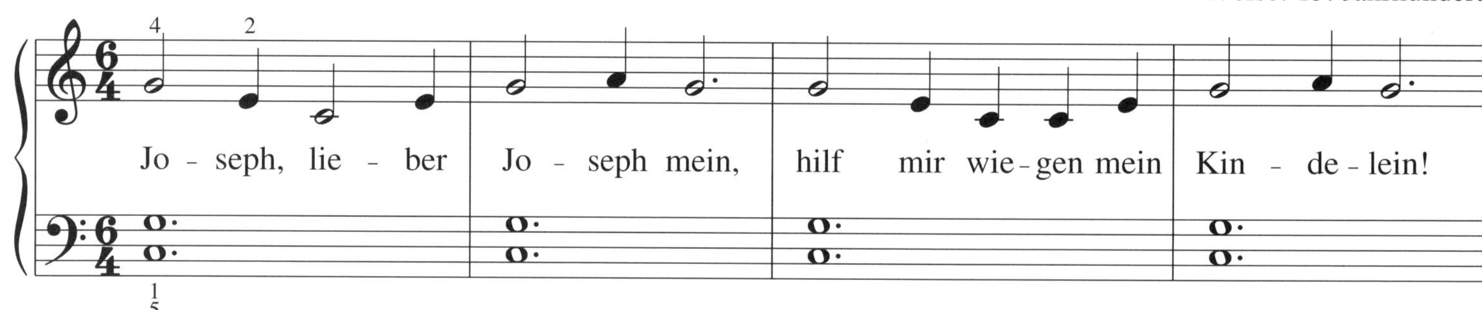

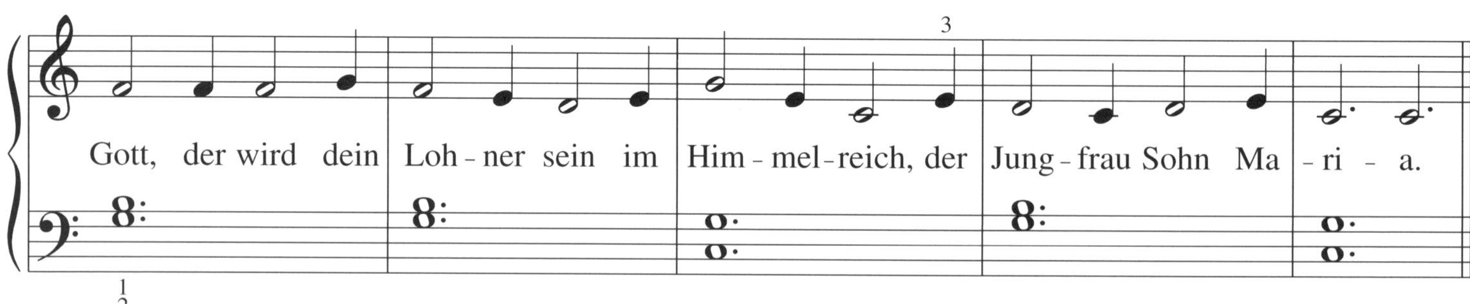

2. Gerne, liebe Muhme mein,
   helf ich dir wiegen dein Kindelein.
   Gott, der wird mein Lohner sein
   im Himmelreich,
   der Jungfrau Sohn Maria.

3. Freu dich nun, du christlich' Schar!
   Gott, der Himmelskönig klar,
   macht uns Menschen offenbar,
   den uns gebar
   die reine Magd Maria.

4. Alle Menschen sollen gar
   ganz in Freuden kommen dar,
   dass ein jeder recht erfahr',
   den uns gebar
   die reine Magd Maria.

5. Uns erschien Emanuel,
   wie uns verkündet Gabriel
   und bezeugt Ezechiel:
   Du Mensch ohn' Fehl,
   dich hat geborn Maria!

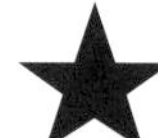

Stille, stille, kein Geräusch gemacht

aus Thüringen

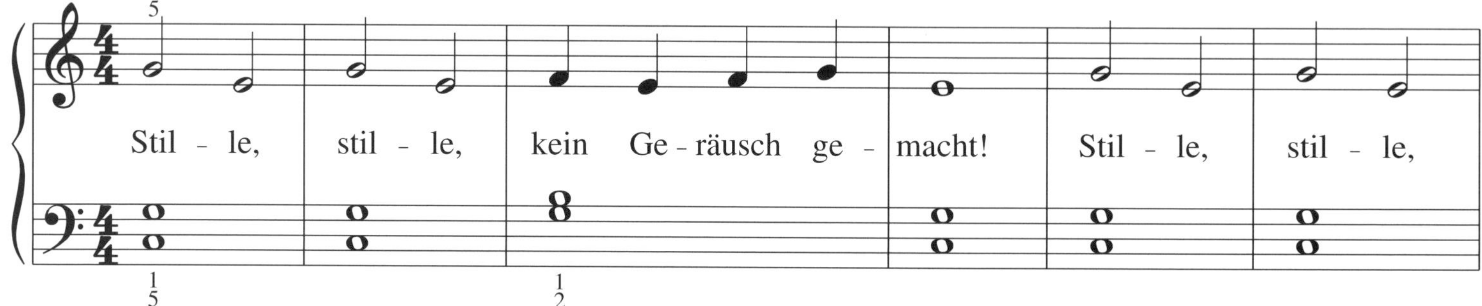

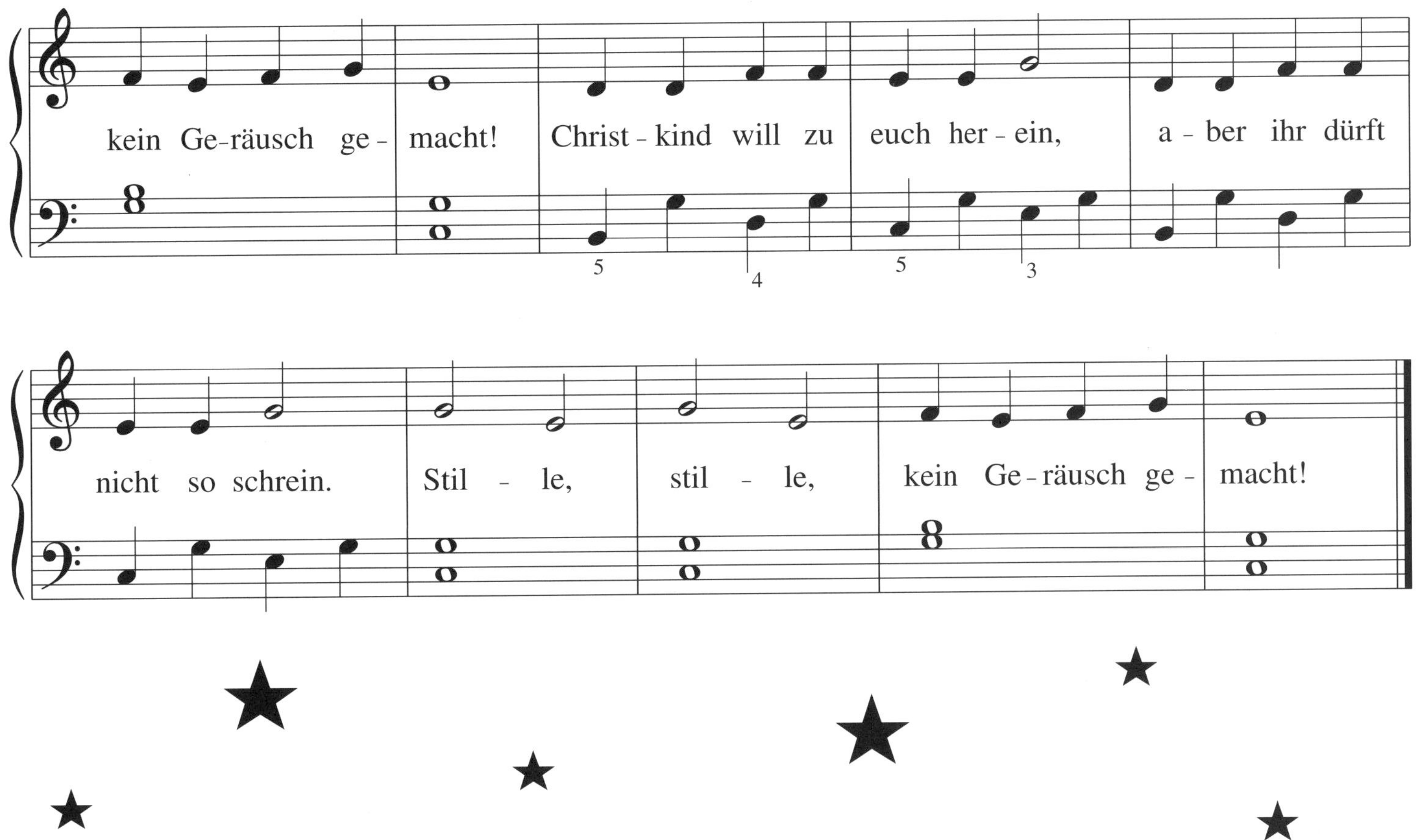

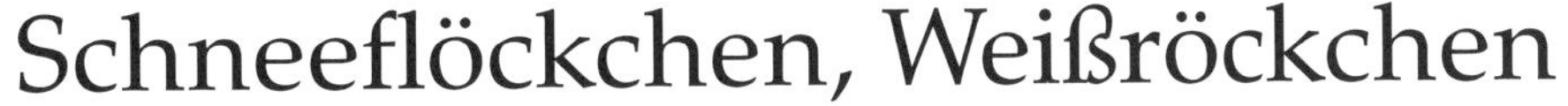

Schneeflöckchen, Weißröckchen

Text: um 1900
Weise: Eduard Ebel

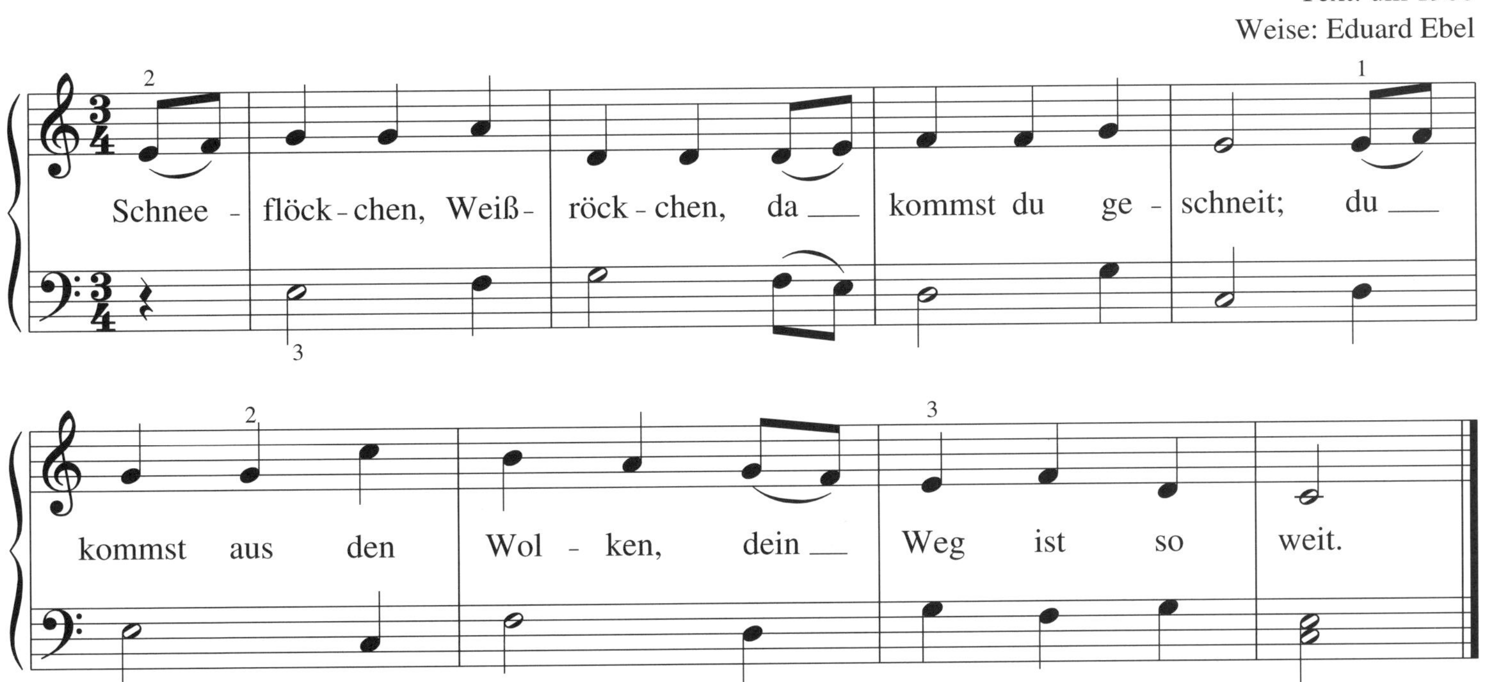

2. Komm, setz dich ans Fenster, du lieblicher Stern; malst Blumen und Blätter, wir haben dich gern.

3. Schneeflöckchen, du deckst uns die Blümelein zu; dann schlafen sie sicher in himmlischer Ruh.

Morgen kommt der Weihnachtsmann

Text: Heinrich Hoffmann von Fallersleben
Volksweise

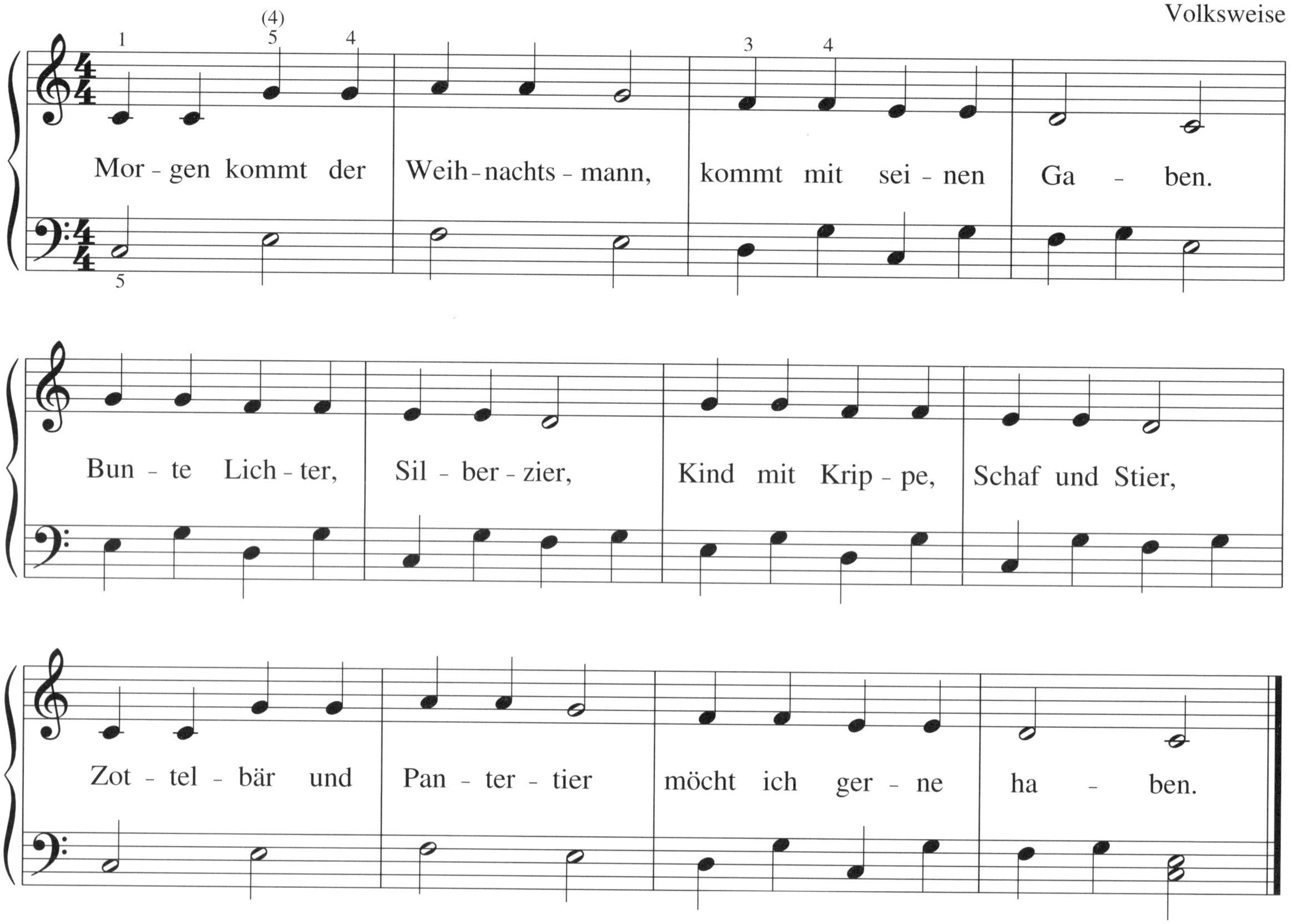

Mor - gen kommt der Weih - nachts - mann, kommt mit sei - nen Ga - ben.

Bun - te Lich - ter, Sil - ber - zier, Kind mit Krip - pe, Schaf und Stier,

Zot - tel - bär und Pan - ter - tier möcht ich ger - ne ha - ben.

2. Bring uns, lieber Weihnachtsmann,
bring auch morgen, bringe
eine schöne Eisenbahn,
Bauernhof mit Huhn und Hahn,
einen Pfefferkuchenmann,
lauter schöne Dinge!

3. Doch du weißt ja unsern Wunsch,
kennst ja unsre Herzen.
Kinder, Vater und Mama,
auch sogar der Großpapa,
alle, alle sind wir da,
warten dein mit Schmerzen.

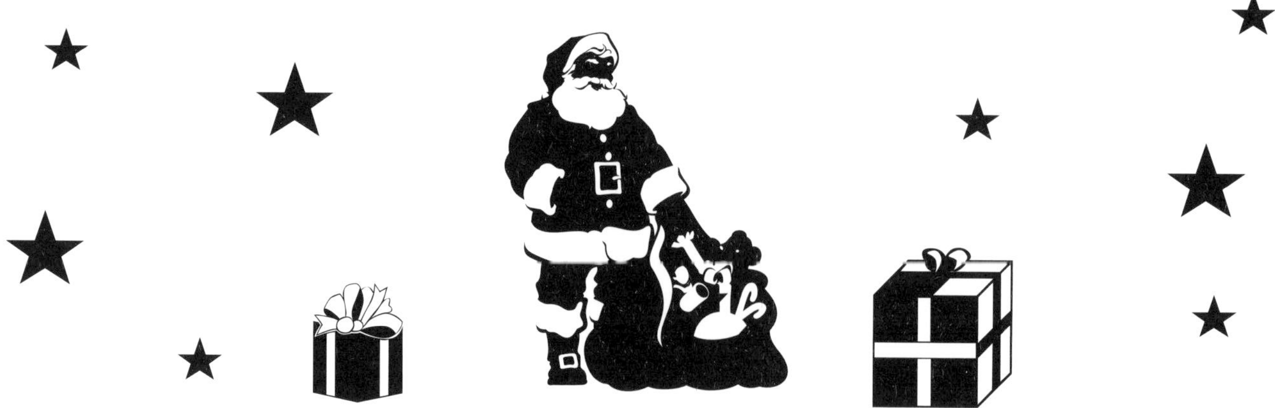

Kling, Glöckchen, klingelingeling

Text: Karl Enslin
Weise: Benedikt Widmann

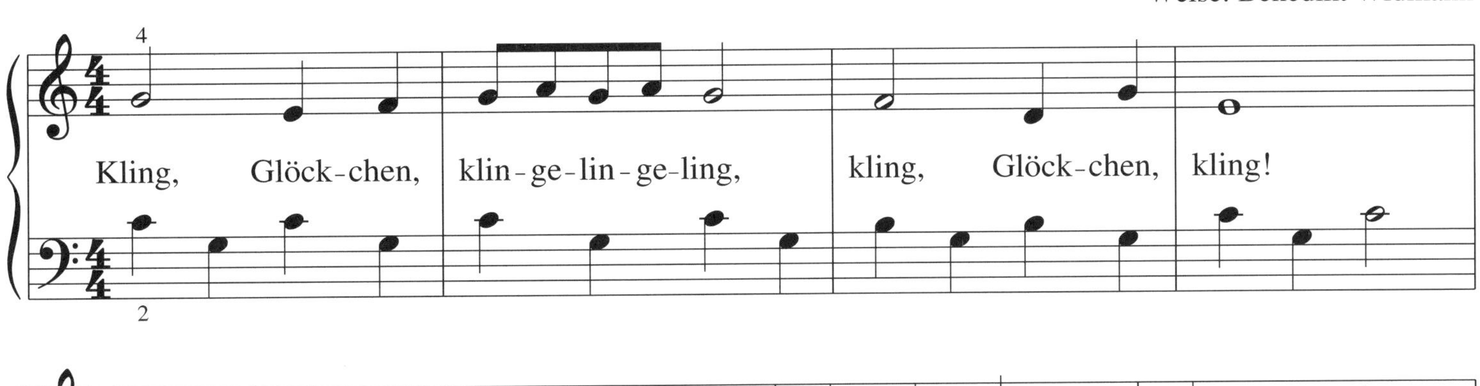

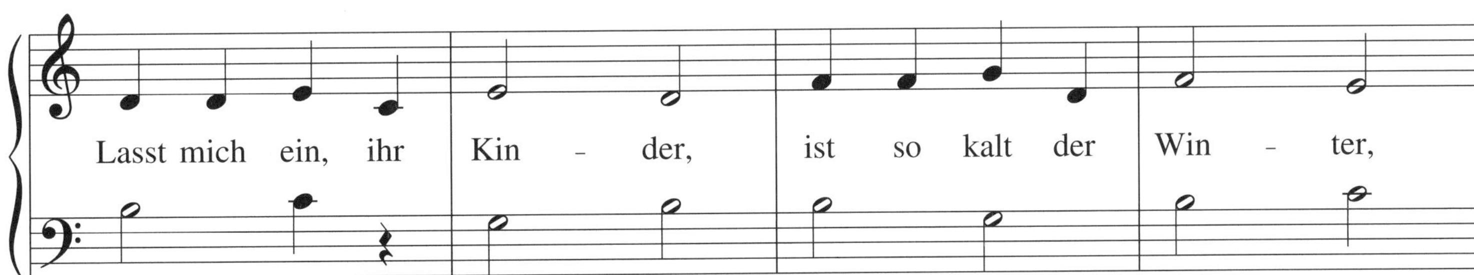

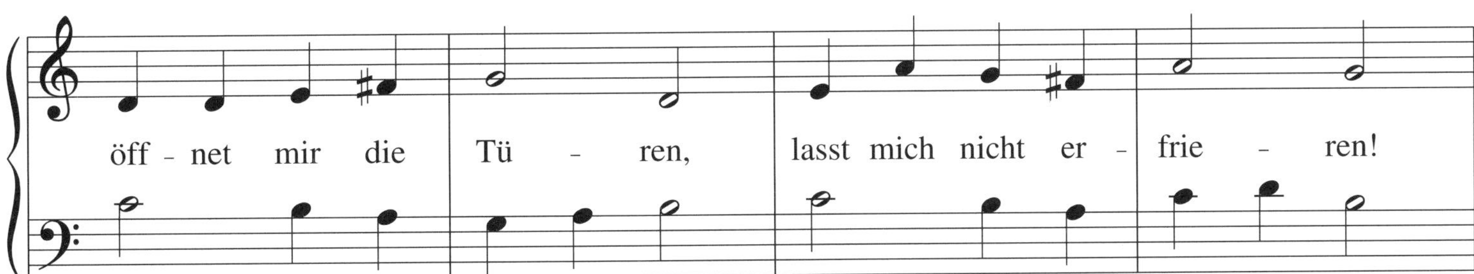

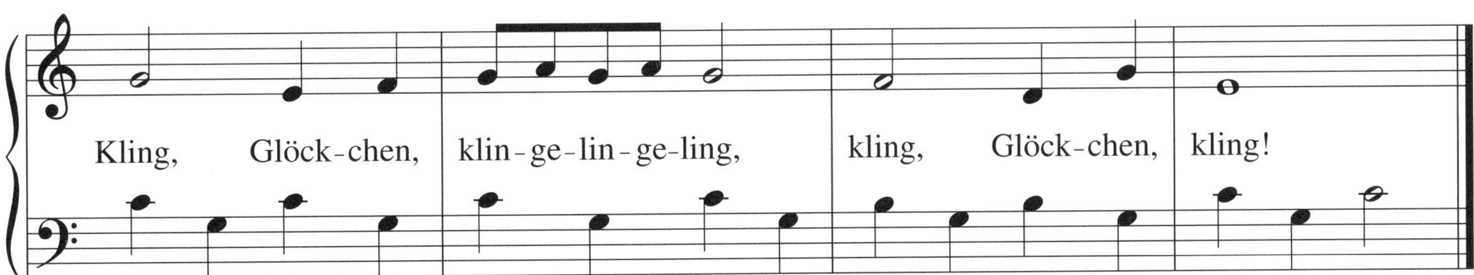

2. Kling, Glöckchen, klingelingeling,
kling, Glöckchen, kling!
Mädchen hört und Bübchen,
macht mir auf das Stübchen,
bring euch viele Gaben,
sollt euch dran erlaben.
Kling, Glöckchen, klingelingeling,
kling, Glöckchen, kling!

3. Kling, Glöckchen, klingelingeling,
kling, Glöckchen, kling!
Hell erglühn die Kerzen,
öffnet mir die Herzen,
will drin wohnen fröhlich,
frommes Kind, wie selig!
Kling, Glöckchen, klingelingeling,
kling, Glöckchen, kling!

Am Weihnachtsbaum die Lichter brennen

Text: Hermann Kletke
Volksweise

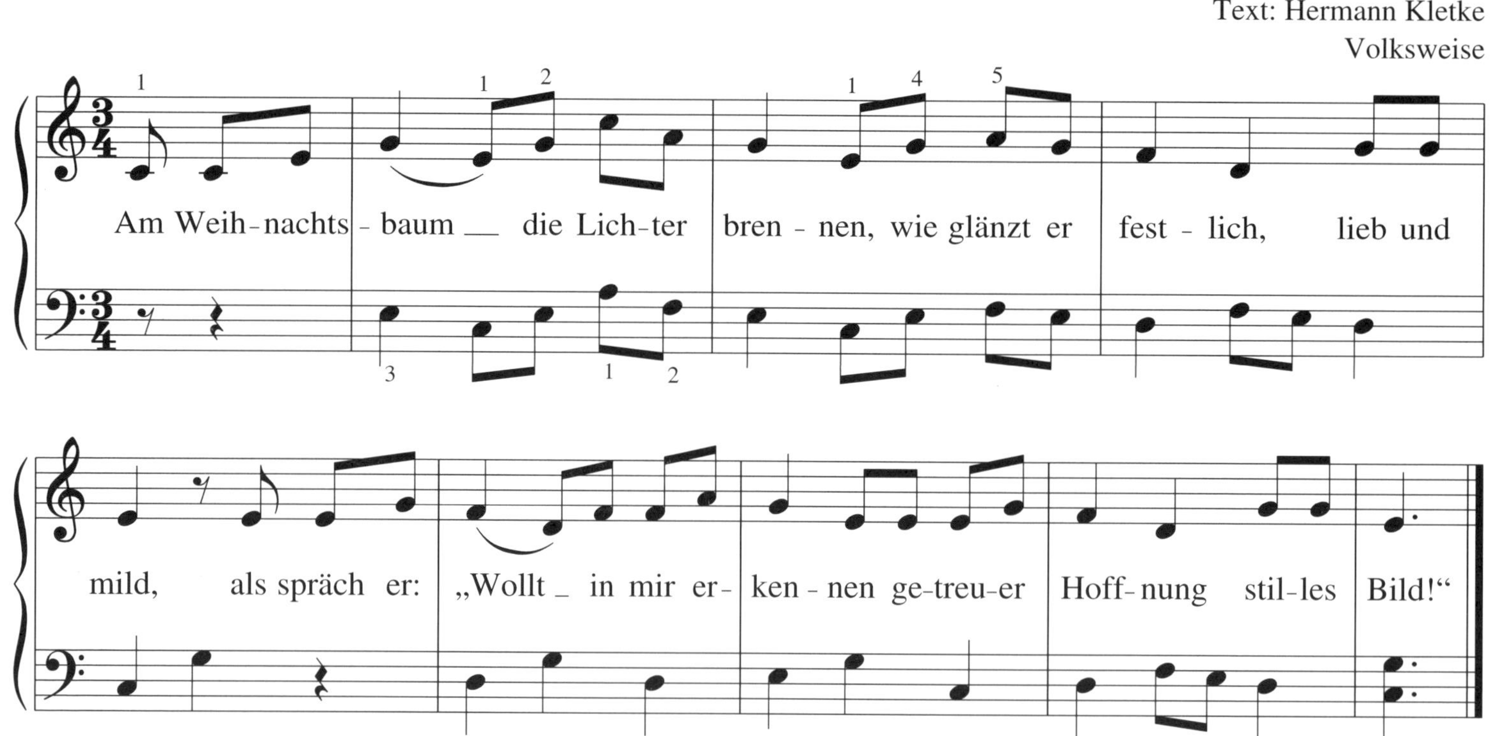

2. Die Kinder stehn mit hellen Blicken,
das Auge lacht, es lacht das Herz;
o fröhlich, seliges Entzücken!
Die Alten schauen himmelwärts.

3. Zwei Engel sind hereingetreten,
kein Auge hat sie kommen sehn;
sie gehn zum Weihnachtstisch und beten
und wenden wieder sich und gehn.

Was soll das bedeuten

aus Schlesien

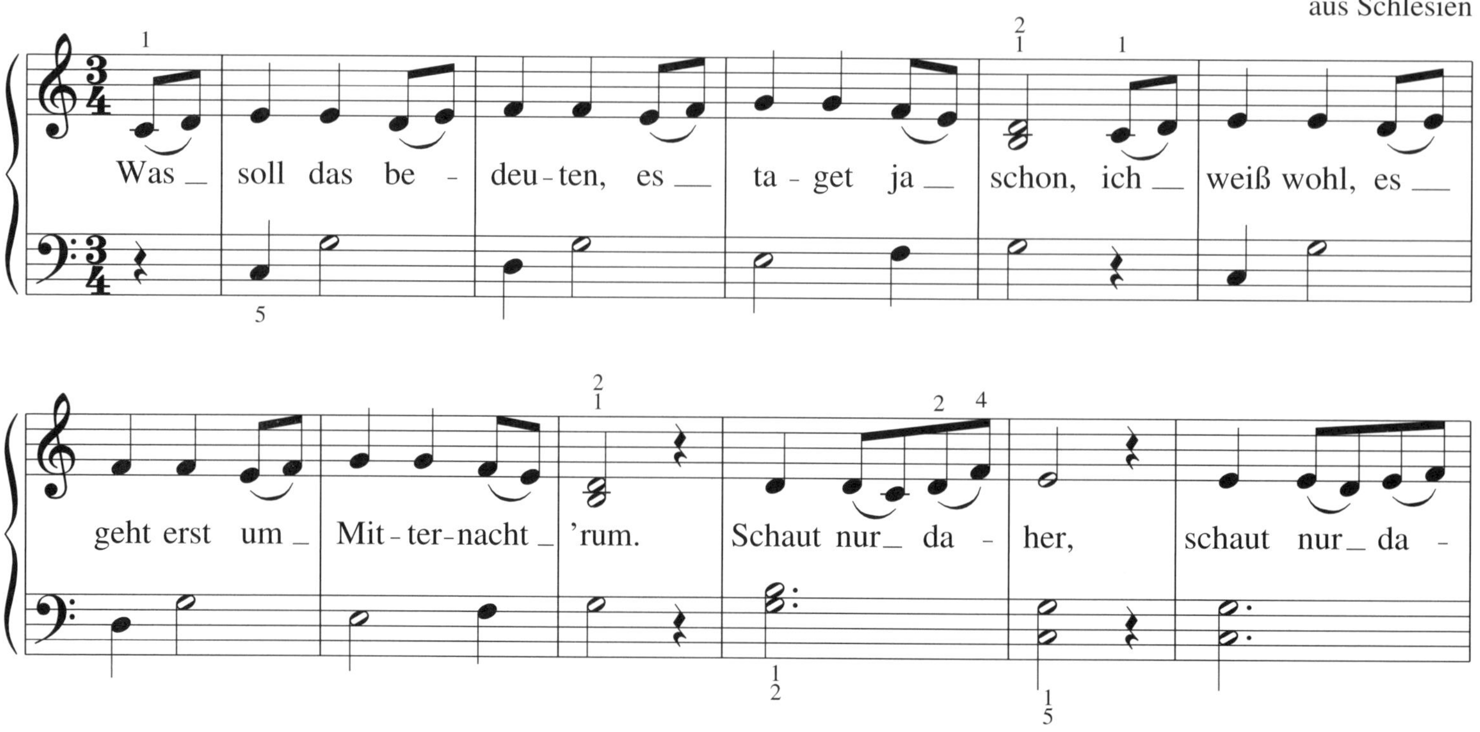

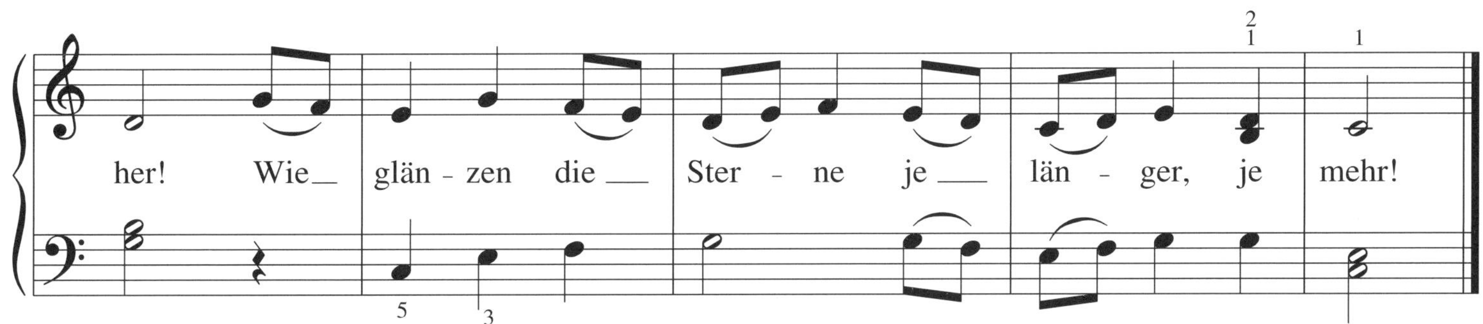

2. Treibt z'sammen, treibt z'sammen
die Schäflein fürbass,
treibt z'sammen, treibt z'sammen,
dort zeiget sich was:
Dort in dem Stall,
dort in dem Stall
werd't Wunderding' sehen,
treibt z'sammen einmal.

3. Ich hab nur ein wenig
von Weitem geguckt,
da hat mir mein Herz schon
vor Freuden gehupft:
Ein schönes Kind,
ein schönes Kind
liegt dort in der Krippe
bei Esel und Rind.

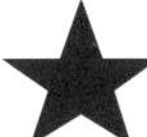

Lasst uns froh und munter sein

aus dem Hunsrück

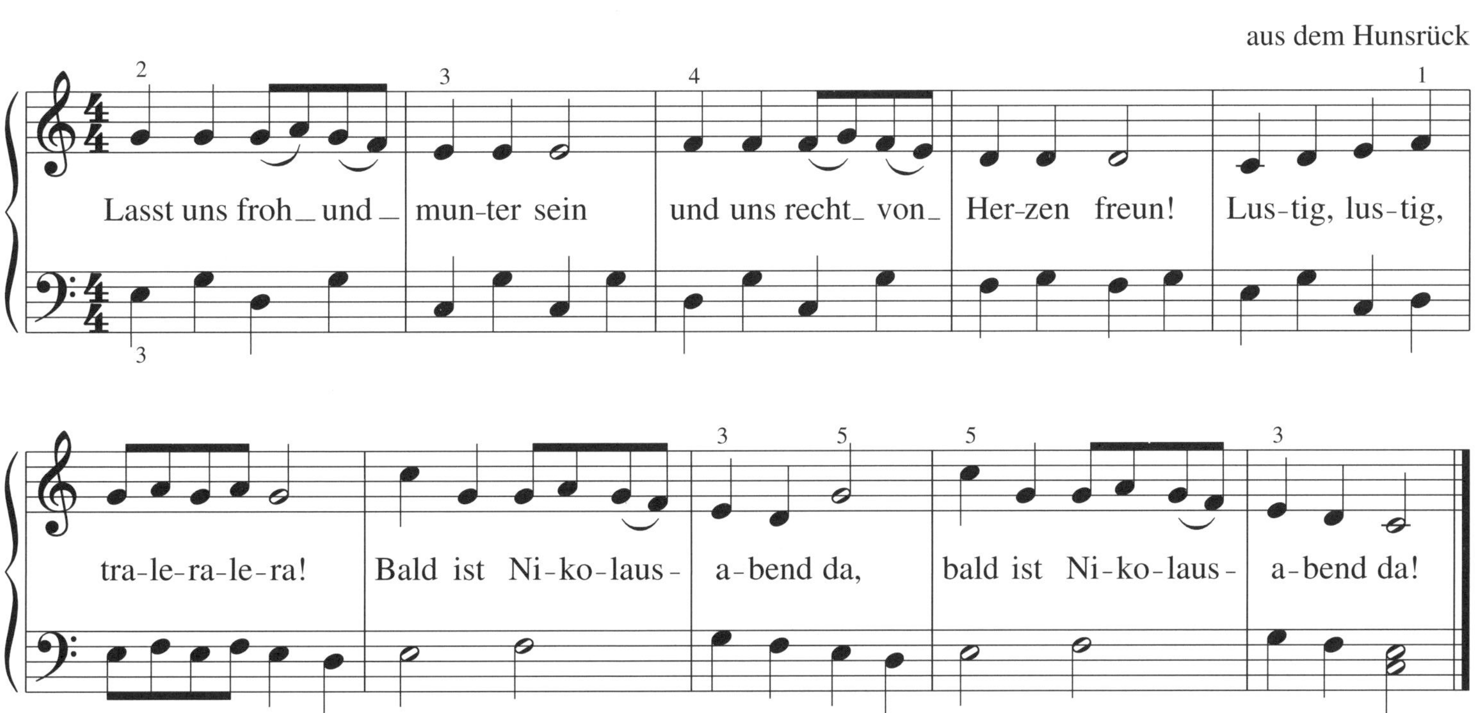

2. Dann stell ich den Teller auf,
Nik'laus legt gewiss was drauf.
Lustig, lustig, traleralera!
Bald ist Nikolausabend da,
bald ist Nikolausabend da!

3. Wenn ich schlaf, dann träume ich,
jetzt bringt Nik'laus was für mich.
Lustig, lustig, traleralera!
Bald ist Nikolausabend da,
bald ist Nikolausabend da!

Kommet, ihr Hirten

Text: Carl Riedel
Weise: aus Böhmen

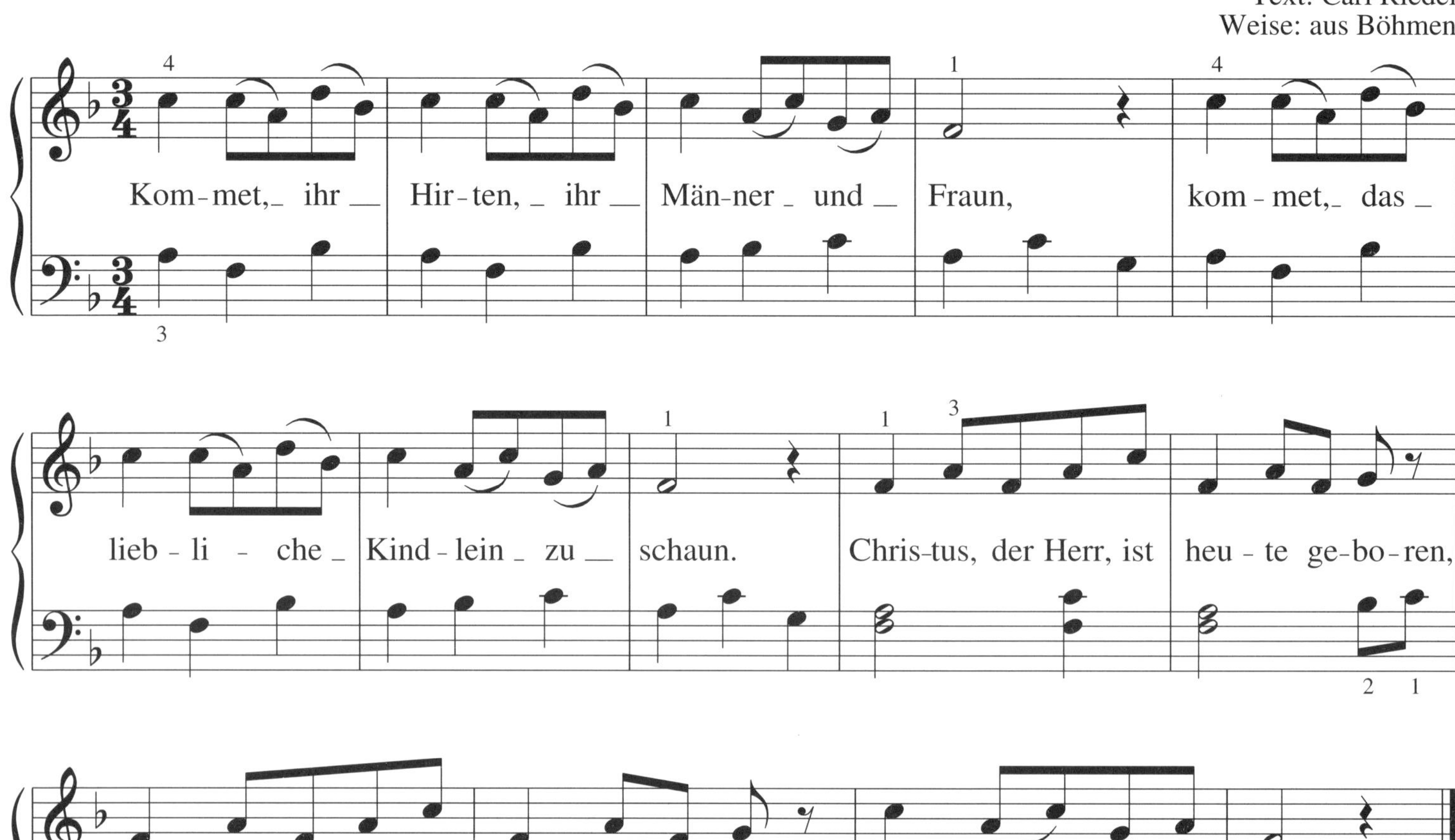

2. Lasset uns sehen in Bethlehems Stall,
was uns verheißen der himmlische Schall.
Was wir dort finden, lasset uns künden,
lasset uns preisen in frommen Weisen:
Halleluja!

3. Wahrlich, die Engel verkündigen heut
Bethlehems Hirtenvolk gar große Freud.
Nun soll es werden Friede auf Erden,
den Menschen allen ein Wohlgefallen:
Ehre sei Gott!

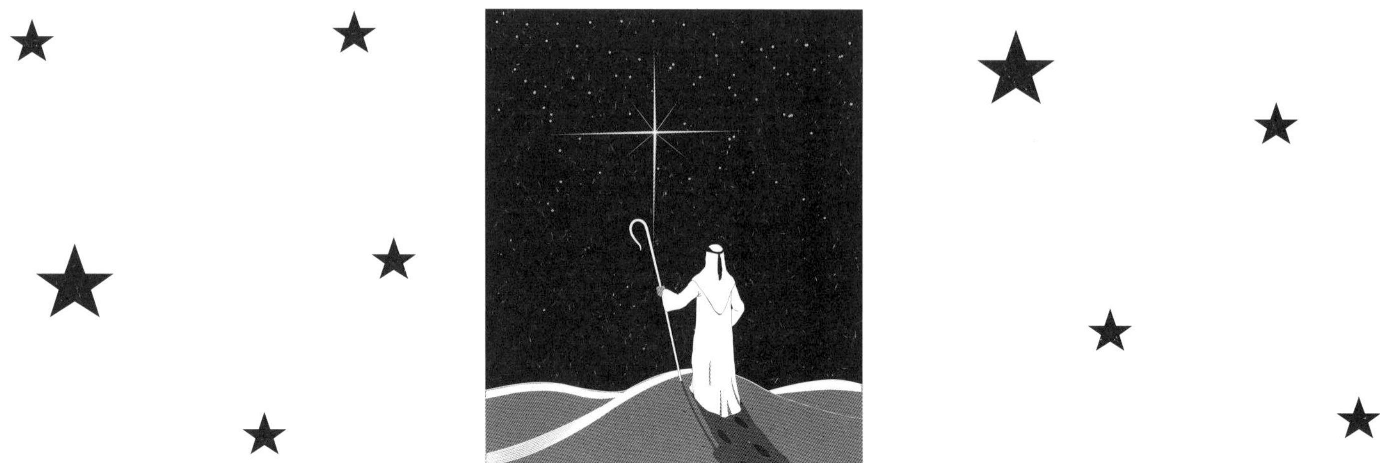

Hört, der Engel helle Lieder

Text: Otto Abel
Weise: aus Frankreich 18. Jahrhundert

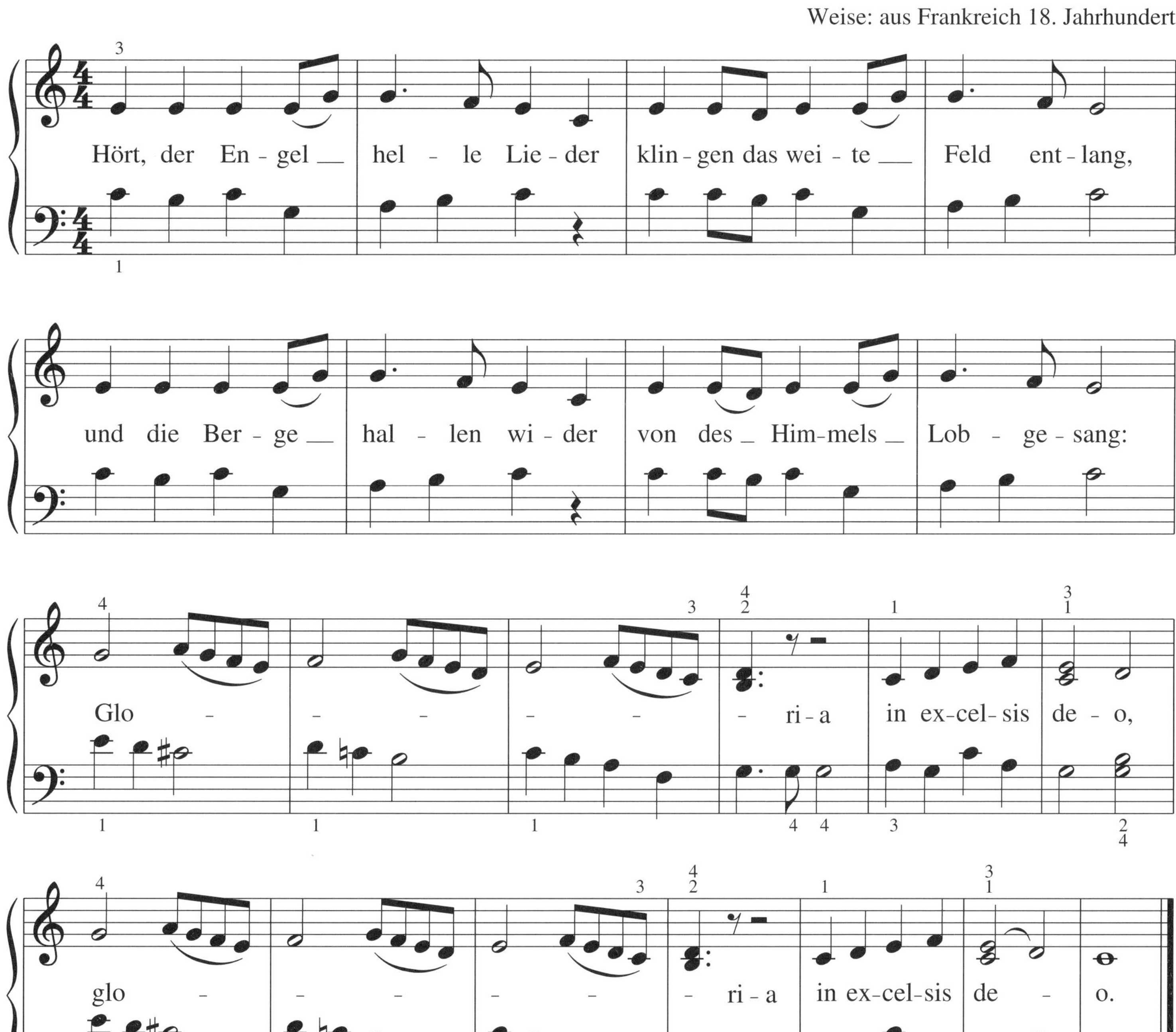

2. Hirten, warum wird gesungen?
Sagt mir doch eures Jubels Grund!
Welch ein Sieg ward denn errungen,
den uns die Chöre machen kund?
Gloria in excelsis deo,
gloria in excelsis deo.

3. Sie verkünden uns mit Schalle,
dass der Erlöser nun erschien.
Dankbar singen sie heut alle
an diesem Fest und grüßen ihn.
Gloria in excelsis deo,
gloria in excelsis deo.

Morgen, Kinder, wird's was geben

Text: Karl Friedrich Splittegarb
Weise: Karl Gottlieb Hering

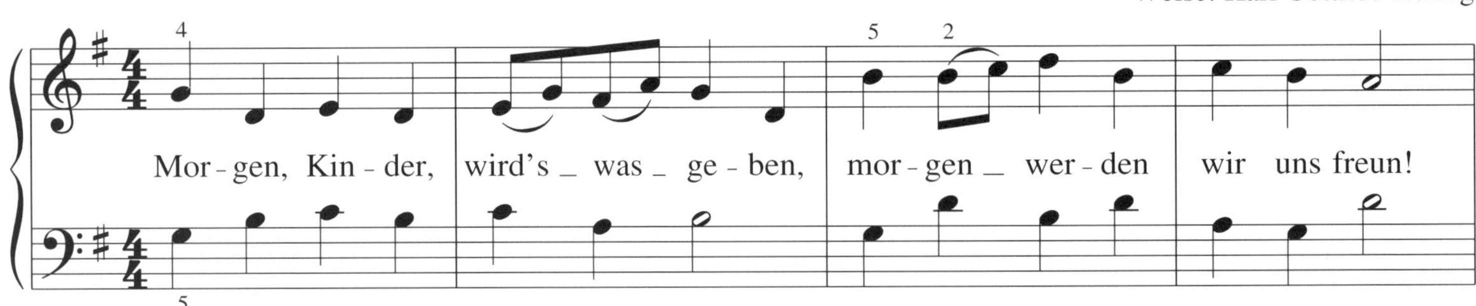

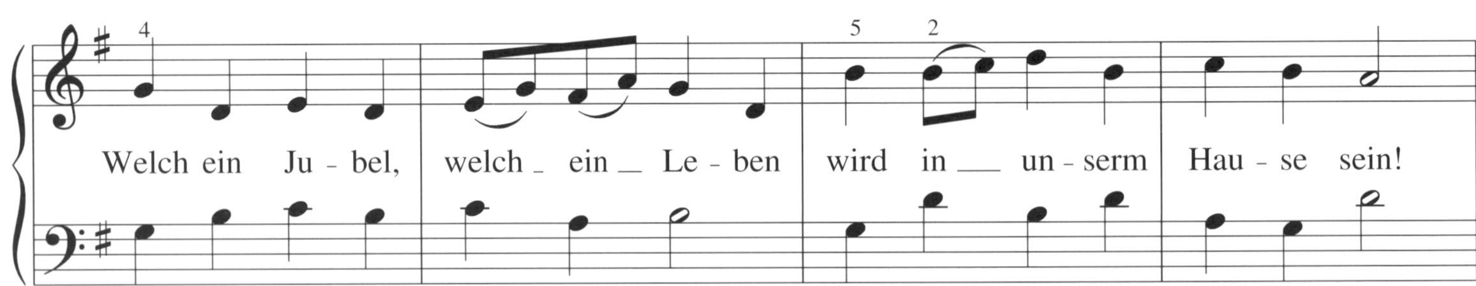

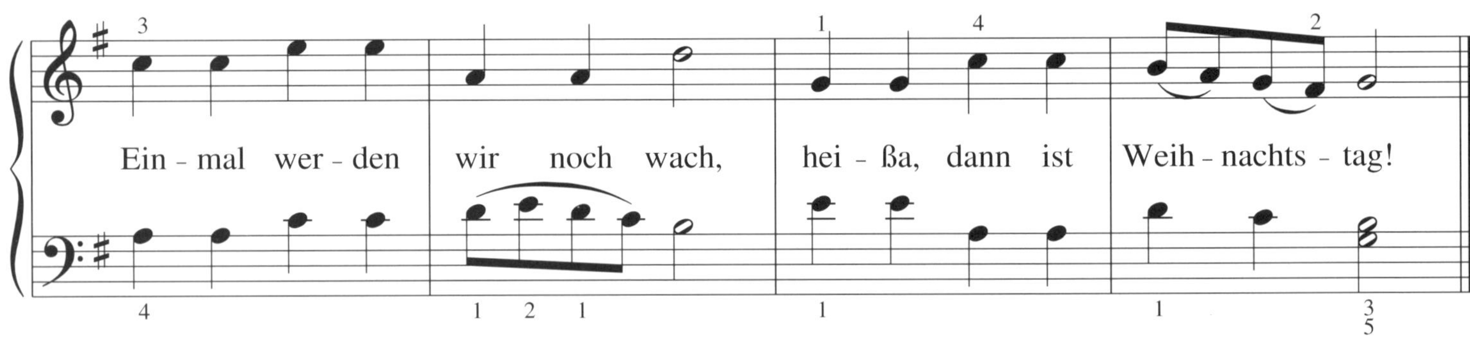

2. Wie wird dann die Stube glänzen
von der großen Lichterzahl,
schöner als bei frohen Tänzen
ein geputzter Kronensaal.
Wisst ihr noch, wie vor'ges Jahr
es am Heil'gen Abend war?

3. Wisst ihr noch mein Räderpferdchen,
Malchens nette Schäferin,
Jettchens Küche mit dem Herdchen
und dem blankgeputzten Zinn?
Heinrichs bunten Harlekin
mit der gelben Violin?

4. Welch ein schöner Tag ist morgen!
Viele Freuden hoffen wir,
unsre lieben Eltern sorgen
lange, lange schon dafür.
O gewiss, wer sie nicht ehrt,
ist der ganzen Lust nicht wert.

Jingle Bells

James Pierpont

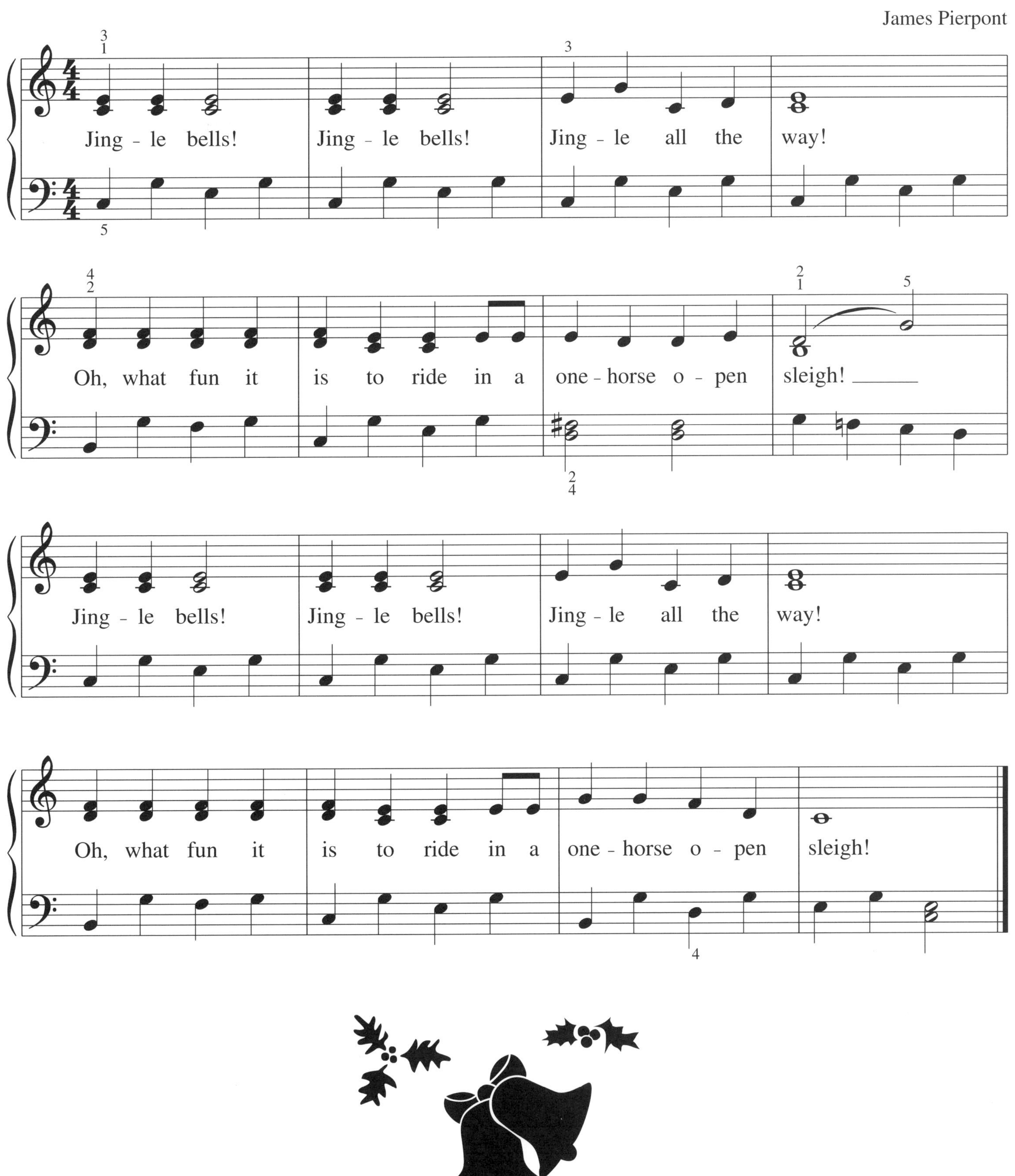

Süßer die Glocken nie klingen

Text: Wilhelm Kritzinger
Volksweise

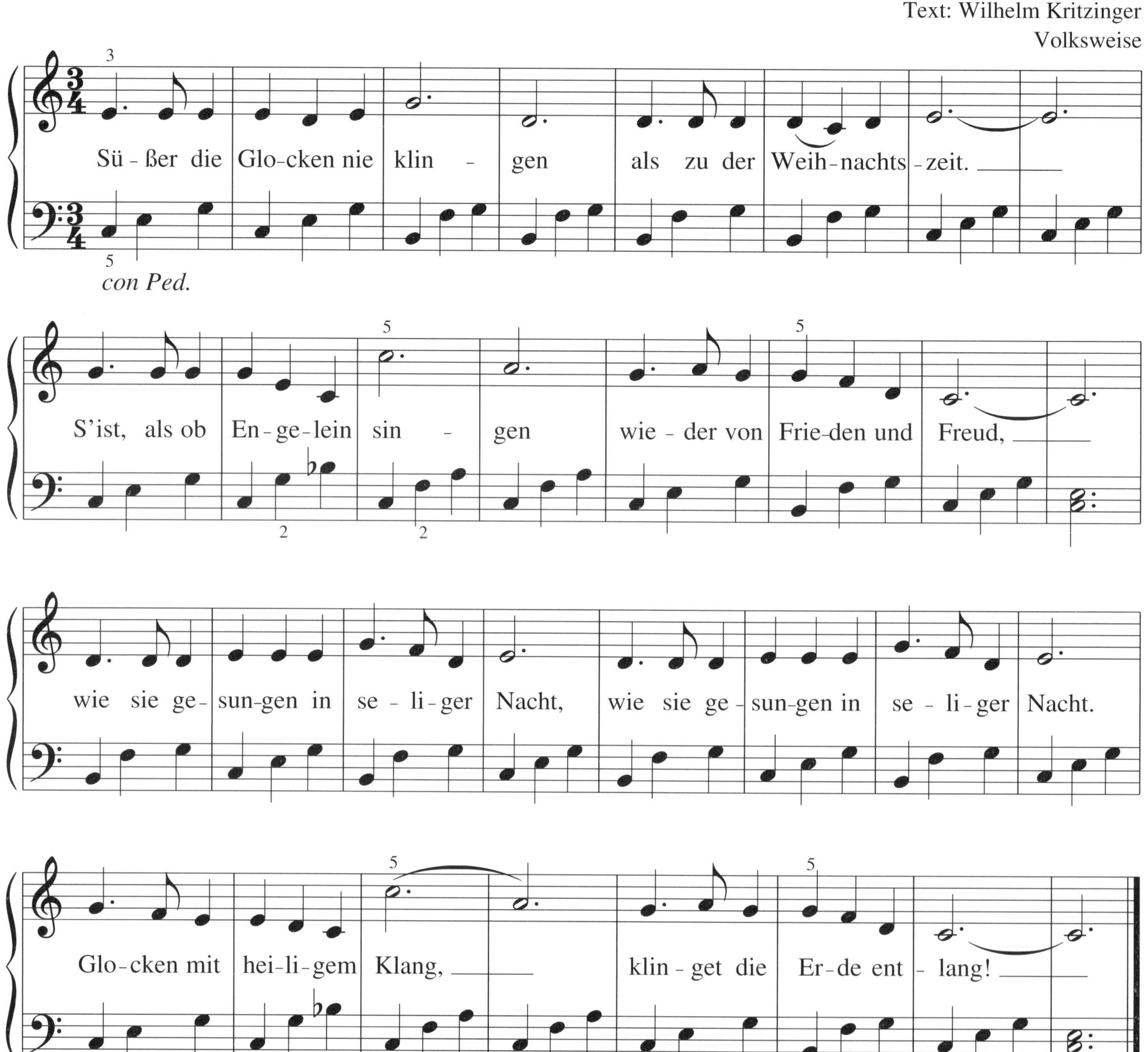

2. O, wenn die Glocken erklingen,
schnell sie das Christkindlein hört,
tut sich vom Himmel dann schwingen,
eilet hernieder zur Erd,
segnet den Vater, die Mutter, das Kind,
segnet den Vater, die Mutter, das Kind.
Glocken mit heiligem Klang,
klinget die Erde entlang!

3. Klinget mit lieblichem Schalle
über die Meere noch weit,
dass sich erfreuen doch alle
seliger Weihnachtszeit.
Alle aufjauchzen mit herrlichem Sang,
alle aufjauchzen mit herrlichem Sang:
Glocken mit heiligem Klang,
klinget die Erde entlang!

Stille Nacht, heilige Nacht

Text: Joseph Mohr
Weise: Franz Gruber

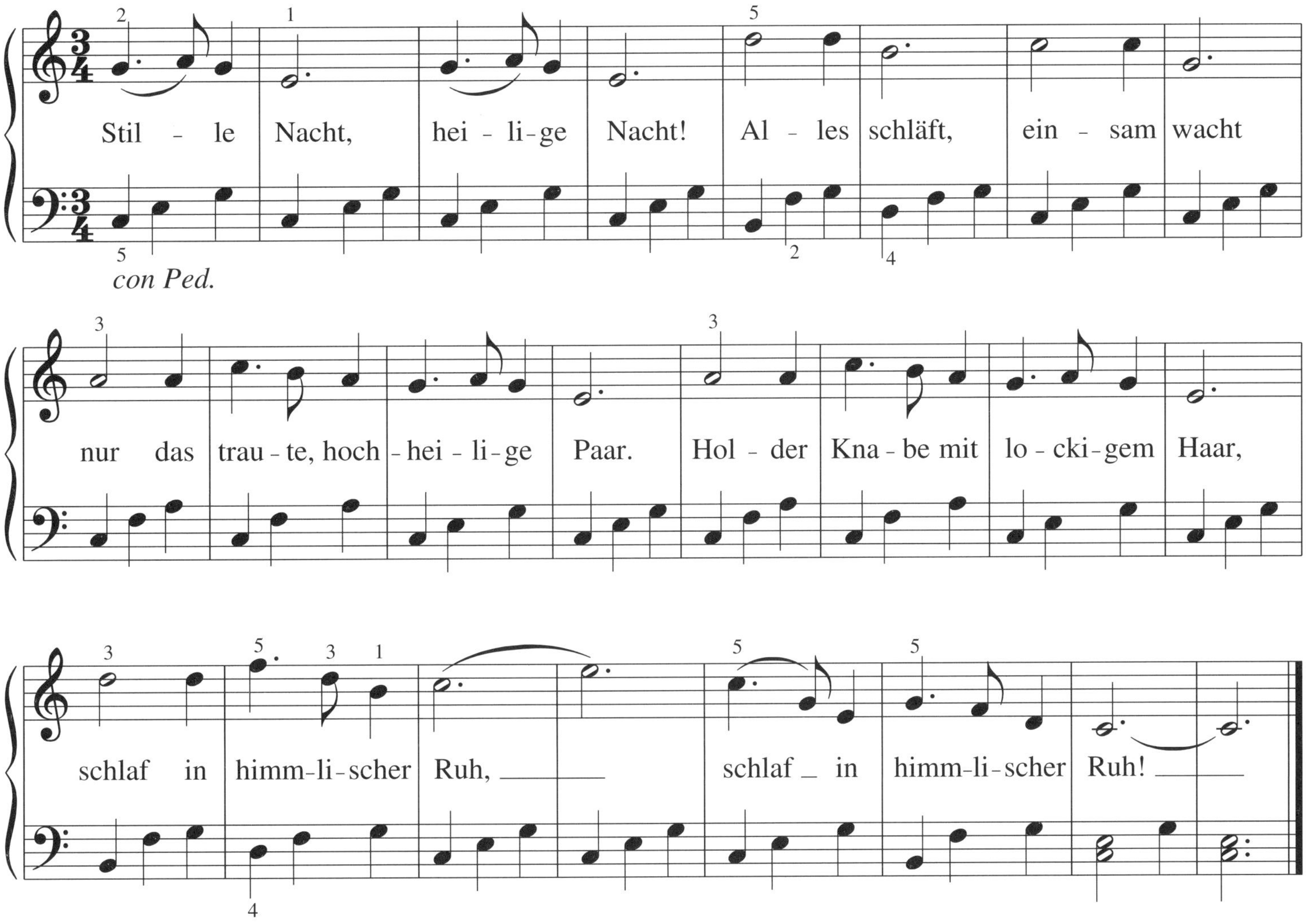

Stil - le Nacht, hei - li-ge Nacht! Al - les schläft, ein - sam wacht

con Ped.

nur das trau - te, hoch - hei - li - ge Paar. Hol - der Kna - be mit lo - cki-gem Haar,

schlaf in himm-li-scher Ruh, ___ schlaf _ in himm-li-scher Ruh! ___

2. Stille Nacht, heilige Nacht!
Gottes Sohn, o wie lacht
Lieb aus deinem göttlichen Mund,
da uns schlägt die rettende Stund,
Christ, in deiner Geburt,
Christ, in deiner Geburt.

3. Stille Nacht, heilige Nacht,
die der Welt Heil gebracht;
aus des Himmels goldenen Höhn
uns der Gnade Fülle lässt sehn:
Jesum in Menschengestalt,
Jesum in Menschengestalt.

4. Stille Nacht, heilige Nacht!
Wo sich heut alle Macht
väterlicher Liebe ergoss
und als Bruder huldvoll umschloss
Jesus die Völker der Welt,
Jesus die Völker der Welt.

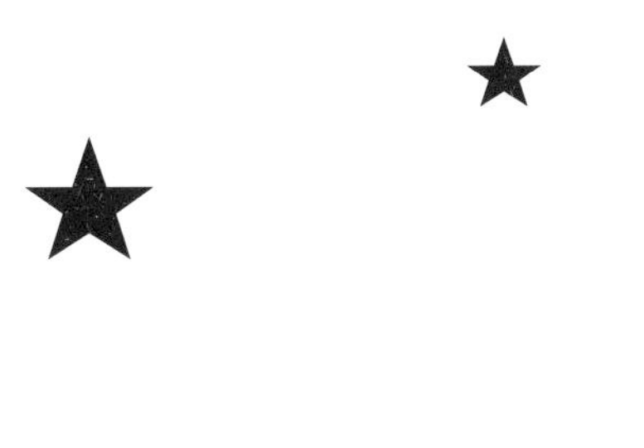

5. Stille Nacht, heilige Nacht!
Hirten erst kundgemacht.
Durch der Engel Halleluja
tönt es laut von fern und nah:
Christ der Retter ist da,
Christ der Retter ist da!

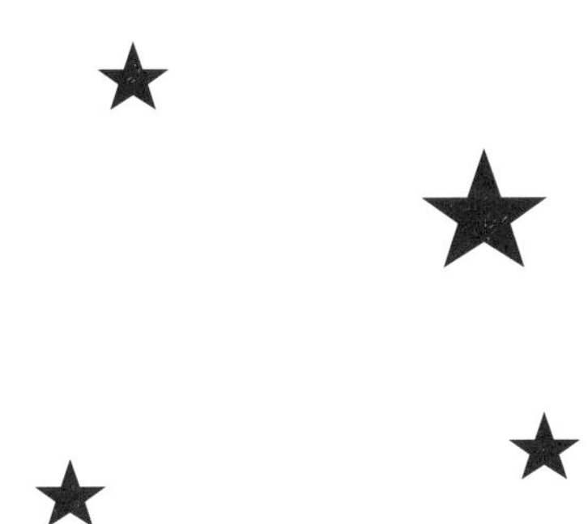

Vom Himmel hoch, da komm ich her

Text: Martin Luther
Weise: Leipzig, 1537

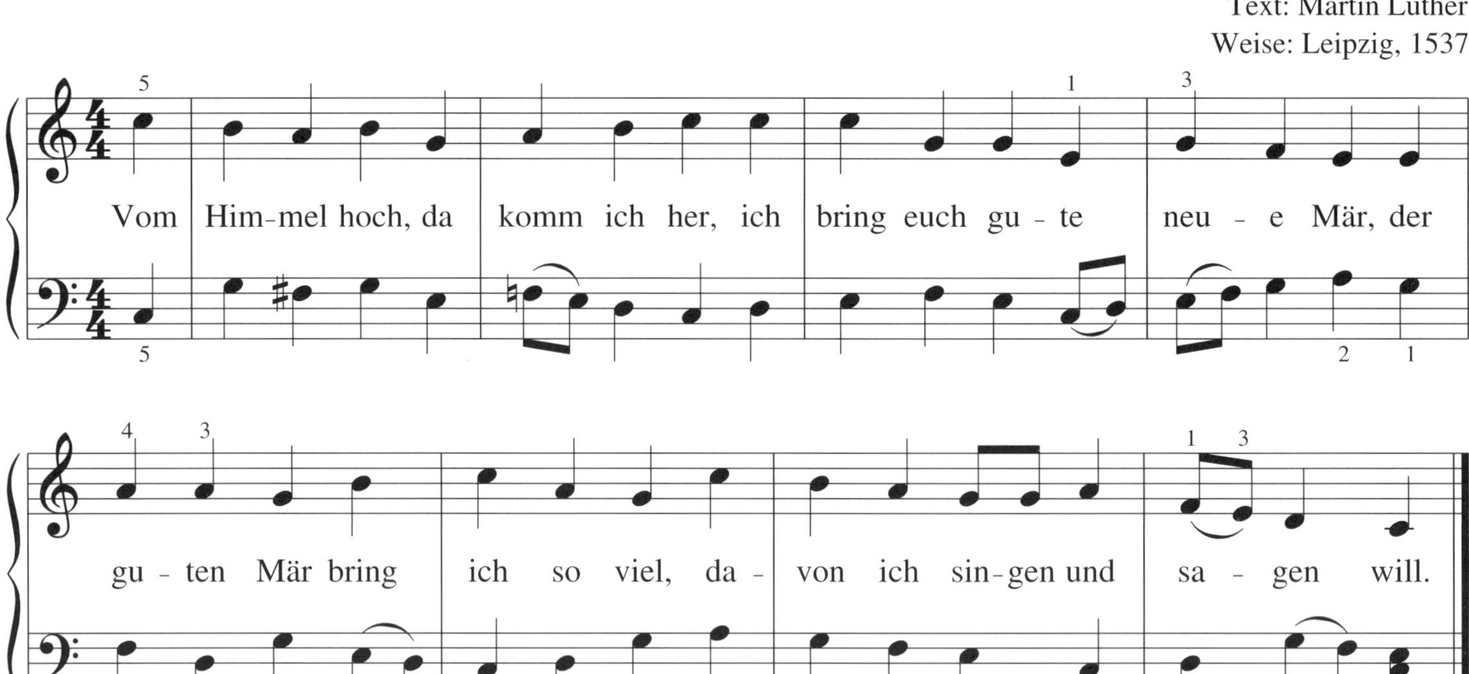

2. Euch ist ein Kindlein heut geborn
von einer Jungfrau auserkorn,
ein Kindelein so zart und fein,
das soll eu'r Freud und Wonne sein.

3. Es ist der Herr Christ, unser Gott,
der will euch führn aus aller Not,
er will eu'r Heiland selber sein,
von allen Sünden machen rein.

4. Er bringt euch alle Seligkeit,
die Gott der Vater hat bereit',
dass ihr mit uns im Himmelreich
sollt leben nun und ewiglich.

5. Das hat also gefallen dir,
die Wahrheit anzuzeigen mir:
wie aller Welt Macht, Ehr und Gut
vor dir nichts gilt, nichts hilft noch tut.

6. Ach, mein herzliebes Jesulein,
mach dir ein rein, sanft Bettelein,
zu ruhn in meines Herzens Schrein,
dass ich nimmer vergesse dein!

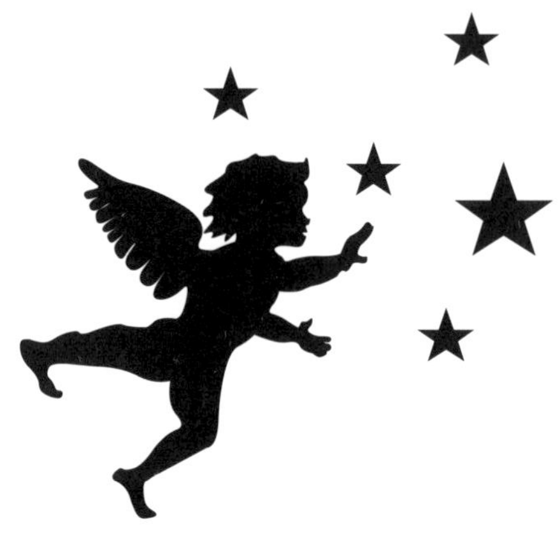

Zu Bethlehem geboren

Text: Friedrich v. Spee
Weise: Köln, 1638

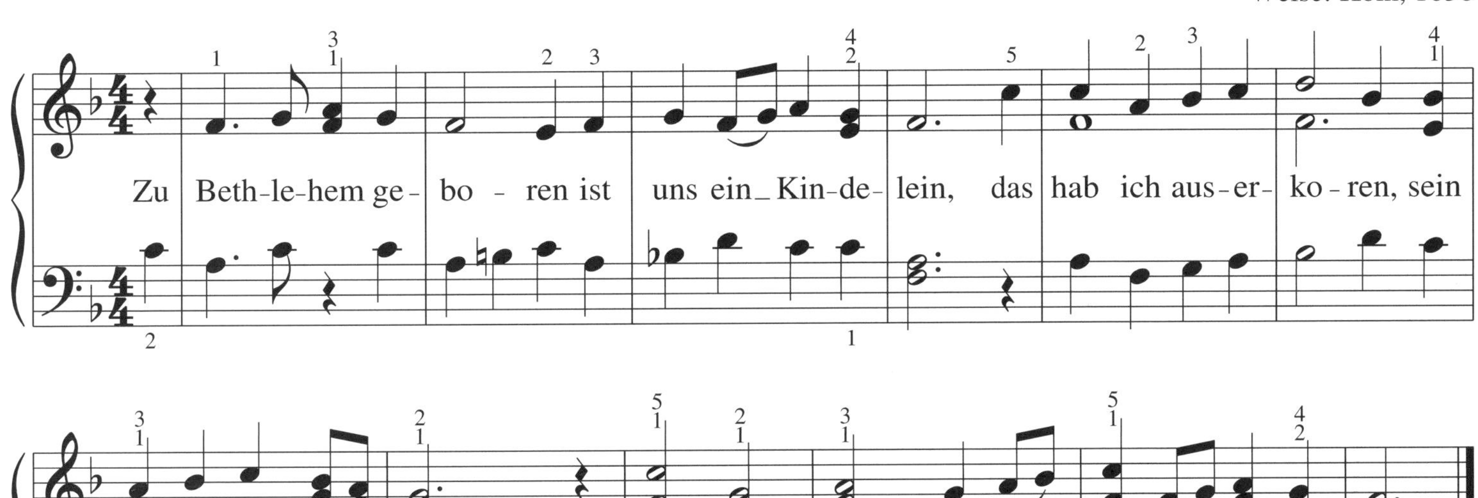

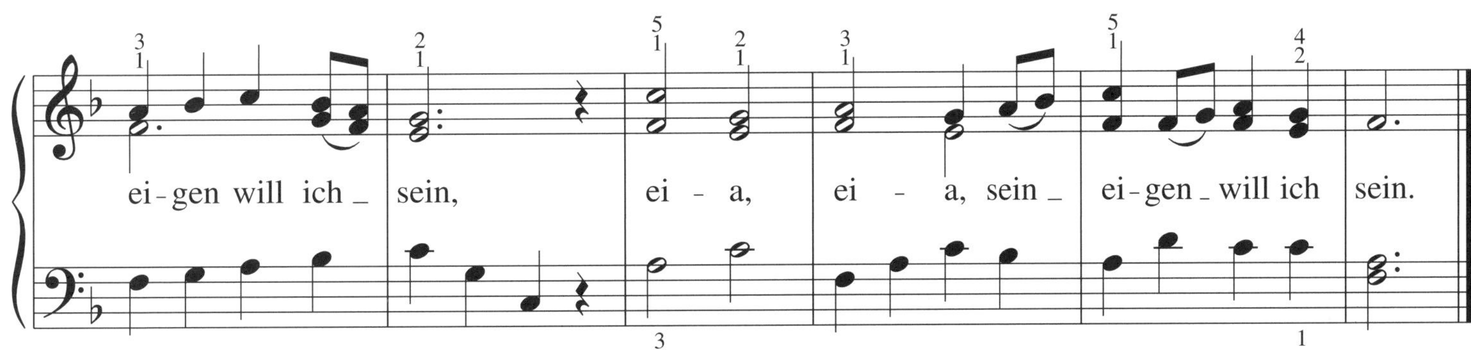

2. In seine Lieb versenken
will ich mich ganz hinab;
mein Herz will ich ihm schenken
und alles, was ich hab,
eia, eia, und alles, was ich hab.

3. O Kindelein, von Herzen
will ich dich lieben sehr
in Freuden und in Schmerzen,
je länger und je mehr,
eia, eia, je länger und je mehr.

4. Die Gnade mir doch gebe,
bitt' ich aus Herzensgrund,
dass ich allein dir lebe
jetzt und zu aller Stund,
eia, eia, jetzt und zu aller Stund.

5. Dich, wahren Gott, ich finde
in unserm Fleisch und Blut;
darum ich mich dann binde
an dich, mein höchstes Gut,
eia, eia, an dich, mein höchstes Gut.

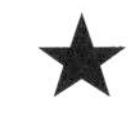

6. Lass mich von dir nicht scheiden,
knüpf zu, knüpf zu das Band
der Liebe zwischen beiden,
nimm hin mein Herz zum Pfand,
eia, eia, nimm hin mein Herz zum Pfand!

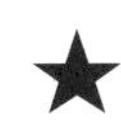
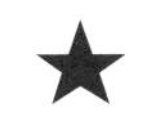
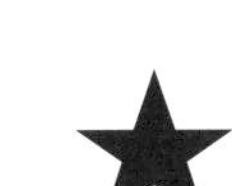
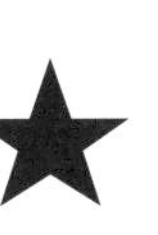
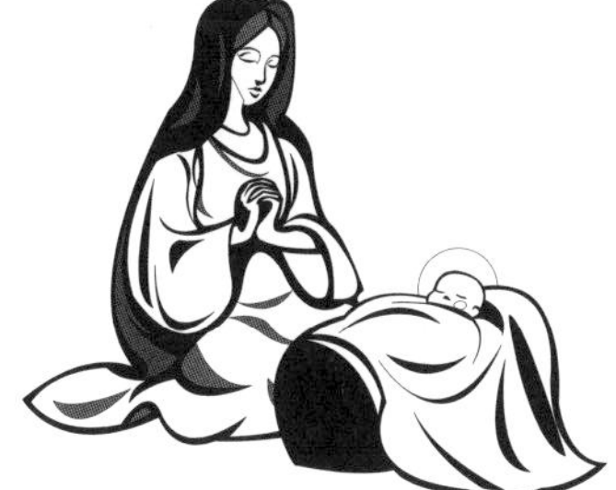
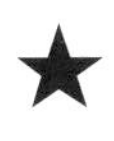
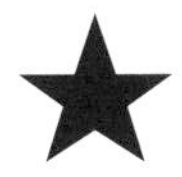

Alle Jahre wieder

Text: Wilhelm Hey
Weise: Friedrich Silcher

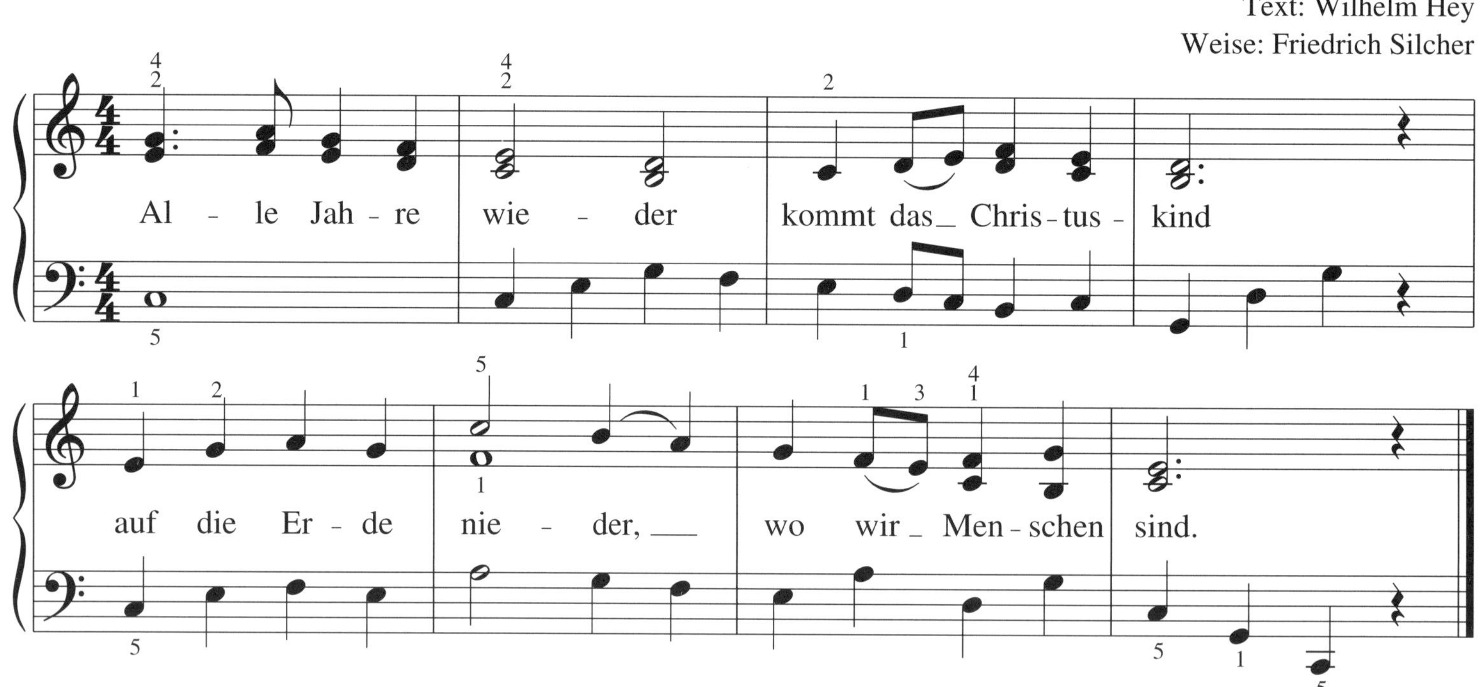

2. Kehrt mit seinem Segen ein in jedes Haus, geht auf allen Wegen mit uns ein und aus.

3. Geht auch mir zur Seite, still und unerkannt, dass es treu mich leite an der lieben Hand.

O Freude über Freude

aus Schlesien

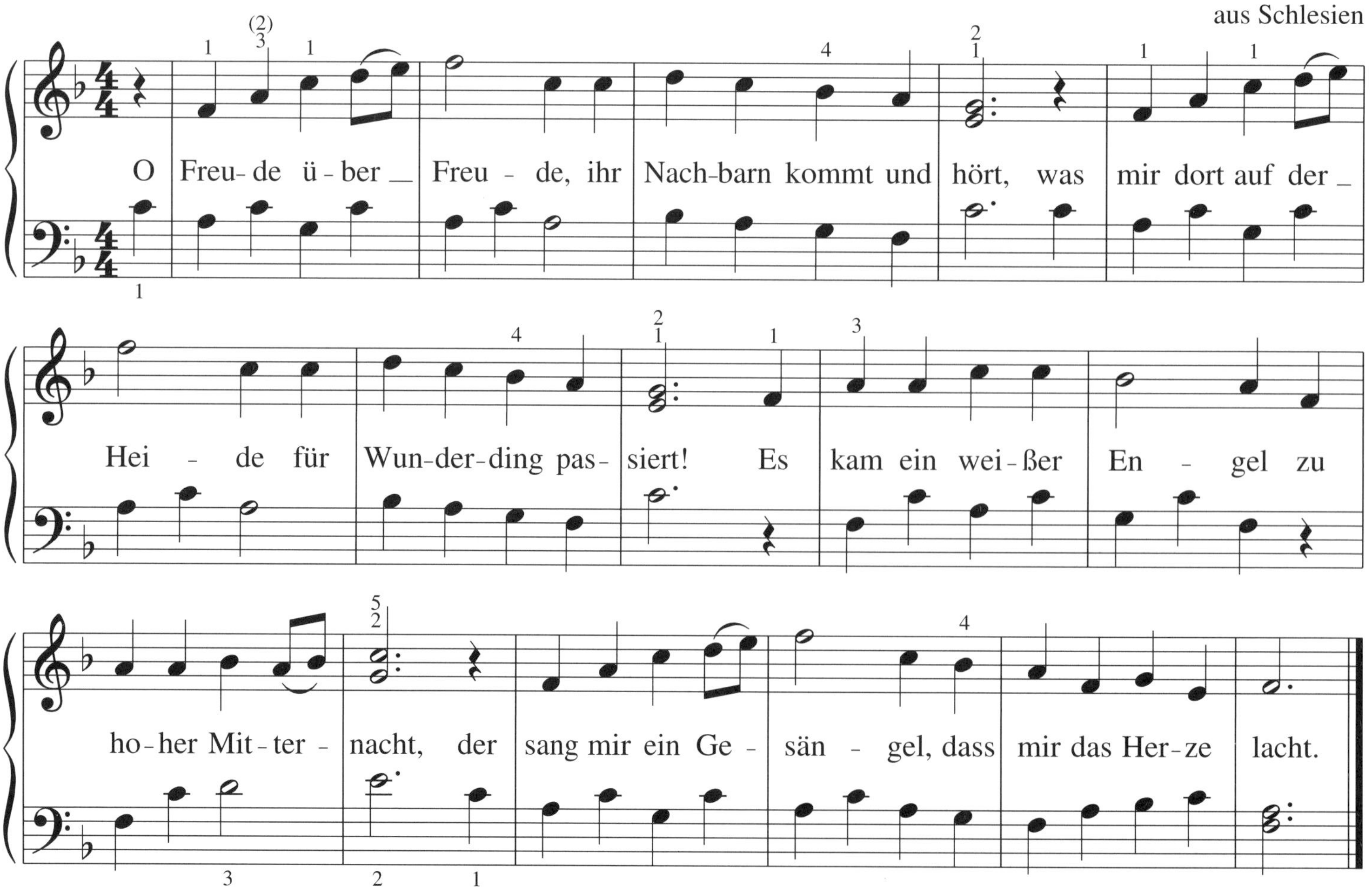

O Freu - de ü - ber Freu - de, ihr Nach - barn kommt und hört, was mir dort auf der
Hei - de für Wun - der - ding pas - siert! Es kam ein wei - ßer En - gel zu
ho - her Mit - ter - nacht, der sang mir ein Ge - sän - gel, dass mir das Her - ze lacht.

2. Er sagte: „Freut euch alle,
der Heiland ist geborn
zu Bethlehem im Stalle,
das hat er sich erkorn.
Die Krippe ist sein Bette,
geht hin nach Bethlehem!“
Und wie er also red’te,
da flog er wieder heim.

3. Ich dacht, du musst nicht säumen,
ich ließ die Schäflein stehn,
ich lief dort hinter Zäunen
bis zu dem Stalle hin.
Da ward ich schier geblendet
von einem lichten Strahl,
der hatte gar kein Ende
und wies mich in den Stall.

Ihr Kinderlein, kommet

Text: Christoph v. Schmid
Weise: Johann Abraham Peter Schulz

Ihr Kin - der-lein, kom - met, o kom - met doch all! Zur Krip - pe her -

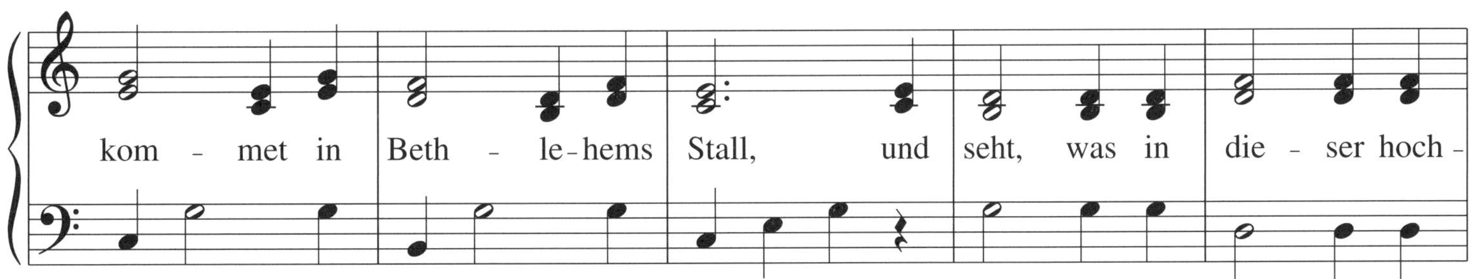

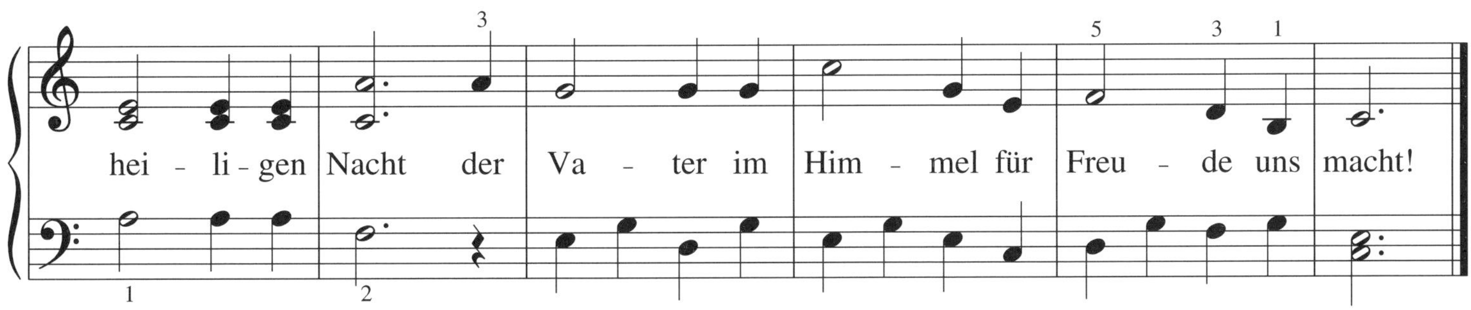

2. O seht in der Krippe
im nächtlichen Stall,
seht hier bei des Lichtleins
hellglänzendem Strahl
in reinlichen Windeln
das himmlische Kind,
viel schöner und holder,
als Engel es sind!

3. Da liegt es, das Kindlein,
auf Heu und auf Stroh;
Maria und Joseph
betrachten es froh.
Die redlichen Hirten
knien betend davor,
hoch oben schwebt jubelnd
der Engelein Chor.

4. O beugt wie die Hirten
anbetend die Knie,
erhebet die Hände
und danket wie sie!
Stimmt freudig, ihr Kinder,
– wer wollt sich nicht freun? –
stimmt freudig zum Jubel
der Engel mit ein!

Vom Himmel hoch, o Englein, kommt

Text: nach Friedrich v. Spee
Weise: Köln, 1623

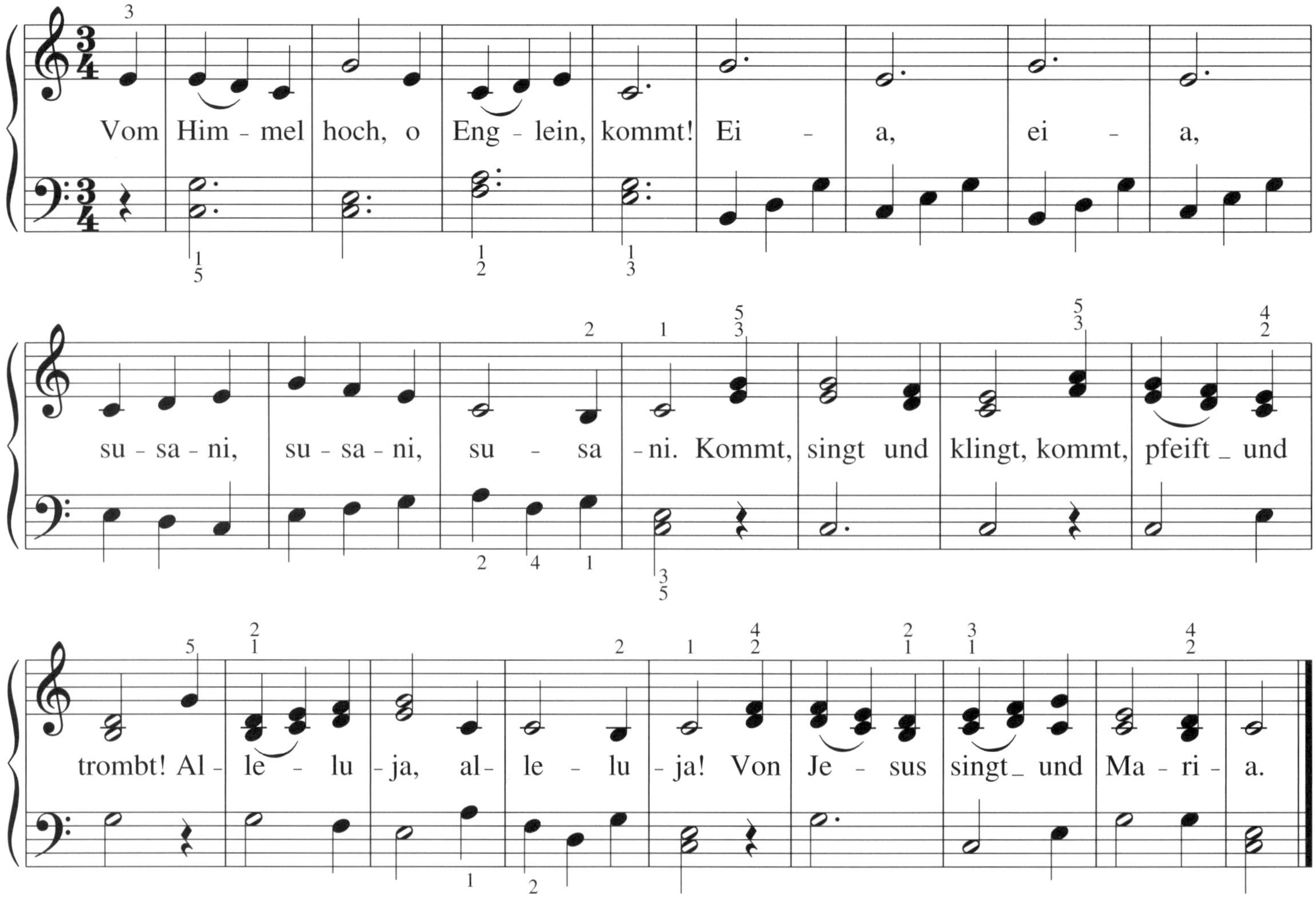

Vom Him - mel hoch, o Eng - lein, kommt! Ei - a, ei - a,
su - sa - ni, su - sa - ni, su - sa - ni. Kommt, singt und klingt, kommt, pfeift und
trombt! Al - le - lu - ja, al - le - lu - ja! Von Je - sus singt und Ma - ri - a.

2. Kommt ohne Instrumente nit!
Eia, eia, susani, susani, susani.
Bringt Lauten, Harfen, Geigen mit!
Alleluja, alleluja! Von Jesus singt und Maria.

3. Lasst hören euer Stimmen viel!
Eia, eia, susani, susani, susani.
Mit Orgel und mit Saitenspiel.
Alleluja, alleluja! Von Jesus singt und Maria.

4. Hier muss die Musik himmlisch sein,
eia, eia, susani, susani, susani,
weil dies ein himmlisch Kindelein.
Alleluja, alleluja! Von Jesus singt und Maria.

5. Die Stimmen müssen lieblich gehn,
eia, eia, susani, susani, susani,
und Tag und Nacht nicht stille stehn.
Alleluja, alleluja! Von Jesus singt und Maria.

6. Singt Fried den Menschen weit und breit,
eia, eia, susani, susani, susani.
Gott Preis und Ehr in Ewigkeit!
Alleluja, alleluja! Von Jesus singt und Maria.

Maria durch ein' Dornwald ging

Text und Weise: aus dem Eichsfeld
um 1600

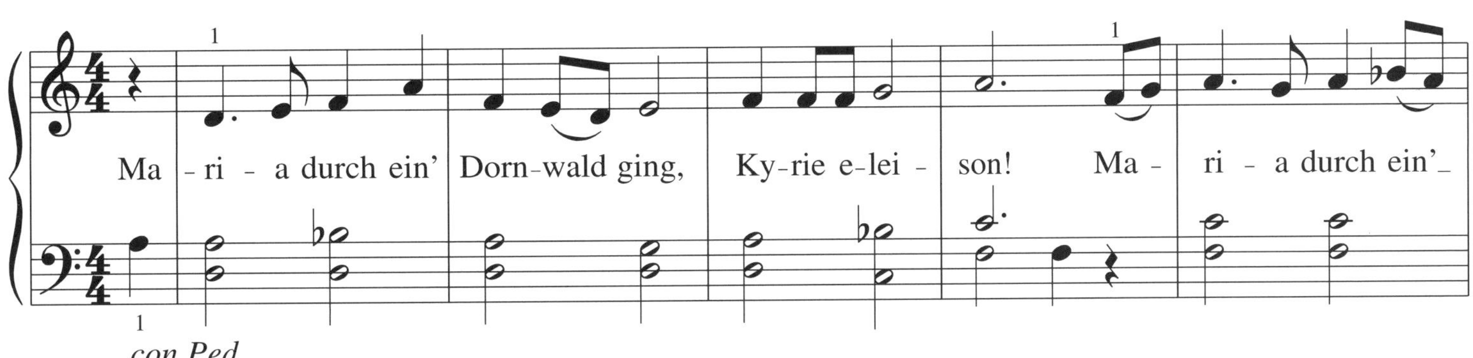

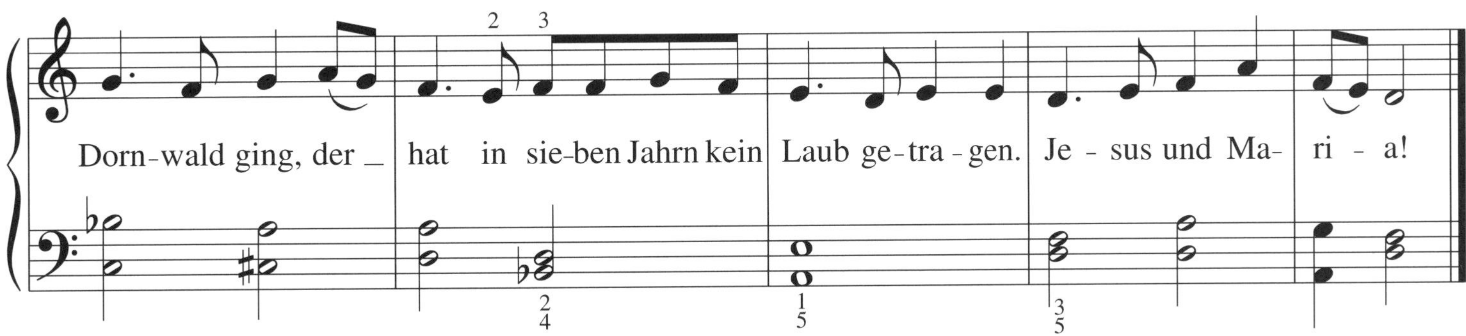

2. Was trug Maria unter ihrem Herzen?
Kyrie eleison!
Ein kleines Kindlein ohne Schmerzen,
das trug Maria unter ihrem Herzen.
Jesus und Maria!

3. Da hab'n die Dornen Rosen getragen.
Kyrie eleison!
Als das Kindlein durch den Wald getragen,
da haben die Dornen Rosen getragen.
Jesus und Maria!

4. Wie soll dem Kind sein Name sein?
Kyrie eleison!
Der Name, der soll Christus sein,
das war von Anfang der Name sein!
Jesus und Maria!

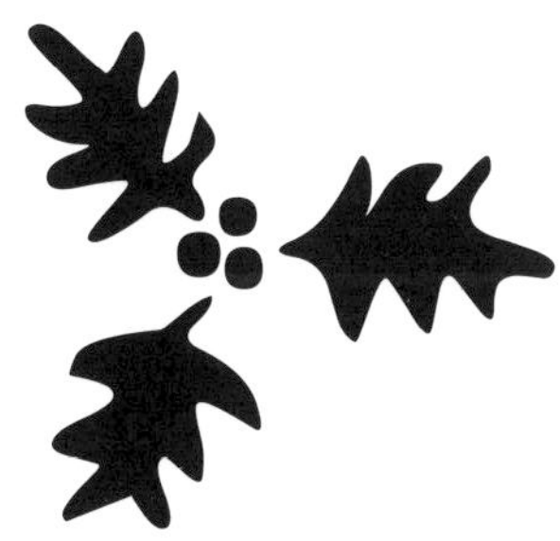

Es kommt ein Schiff, geladen

1. Fassung (leicht)

Text: Daniel Sudermann
Weise: Köln 16. Jahrhundert

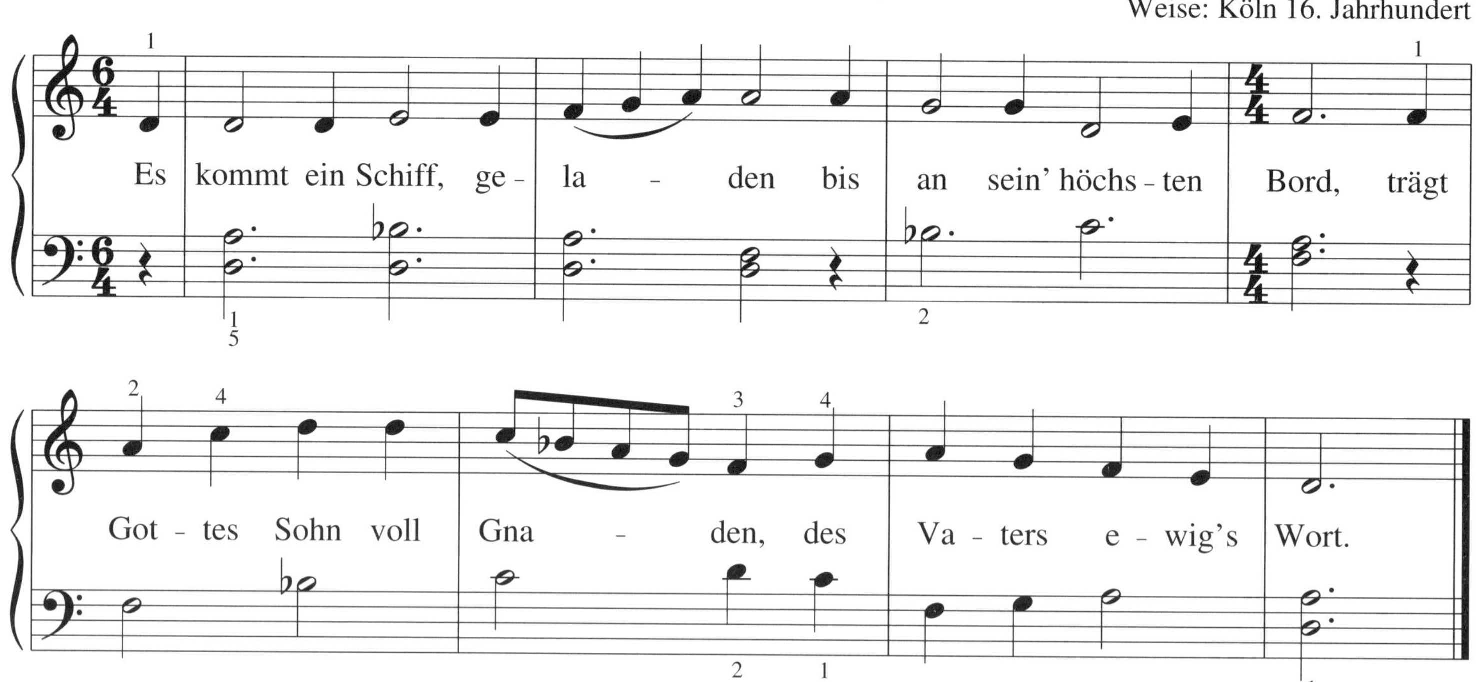

2. Fassung

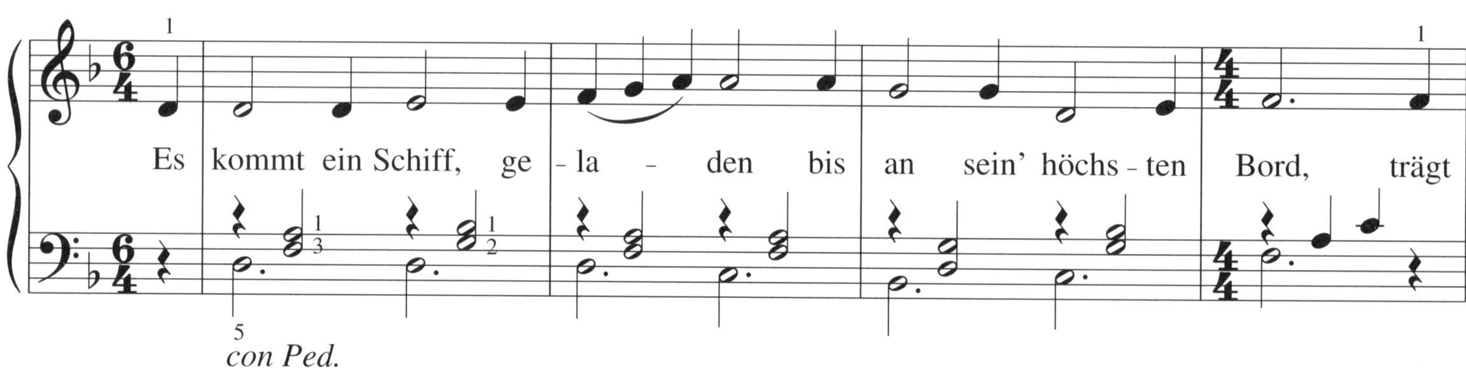

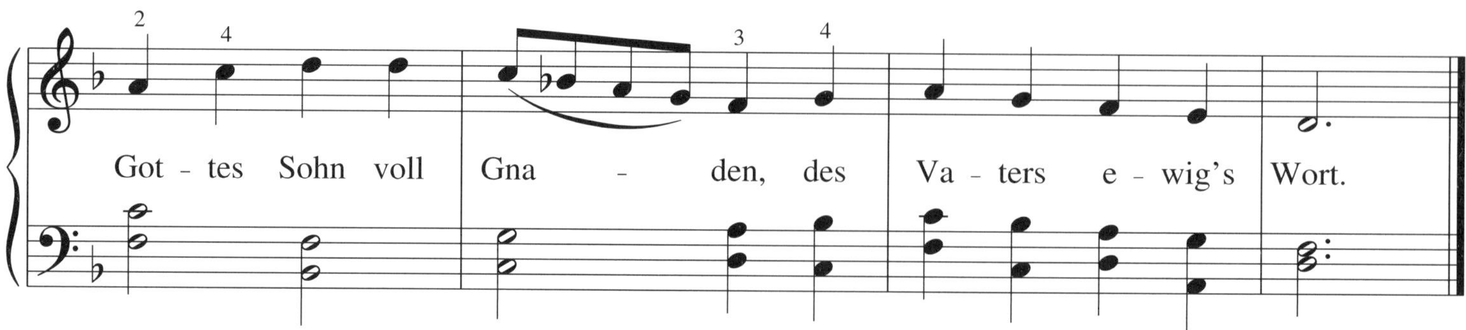

2. Das Schiff geht still im Triebe,
es trägt ein' teure Last;
das Segel ist die Liebe,
der Heilig Geist der Mast.

3. Der Anker haft' auf Erden,
da ist das Schiff am Land.
Das Wort soll Fleisch uns werden,
der Sohn ist uns gesandt.

O Tannenbaum, du trägst ein' grünen Zweig

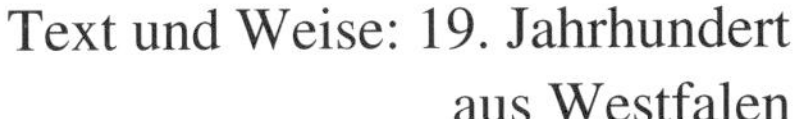
Text und Weise: 19. Jahrhundert
aus Westfalen

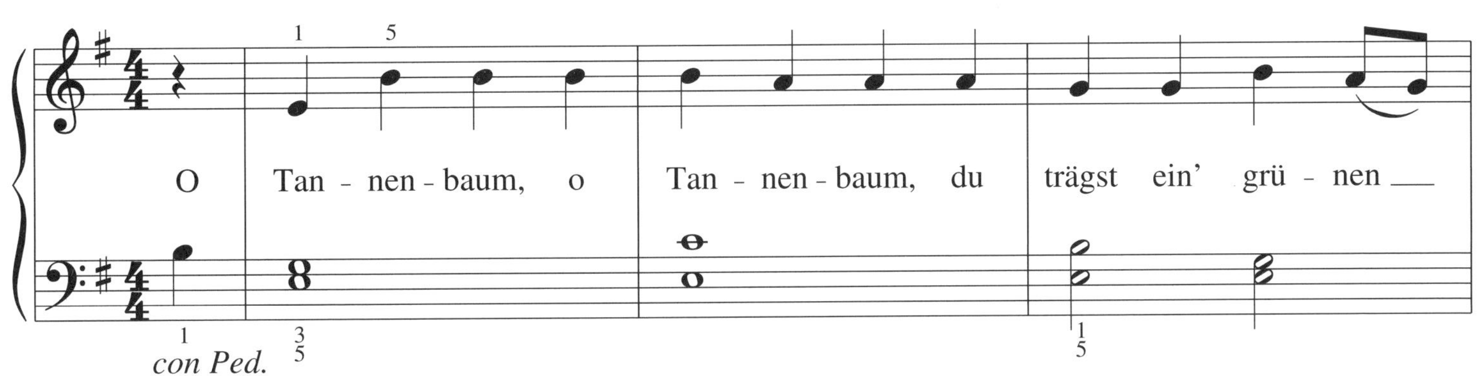

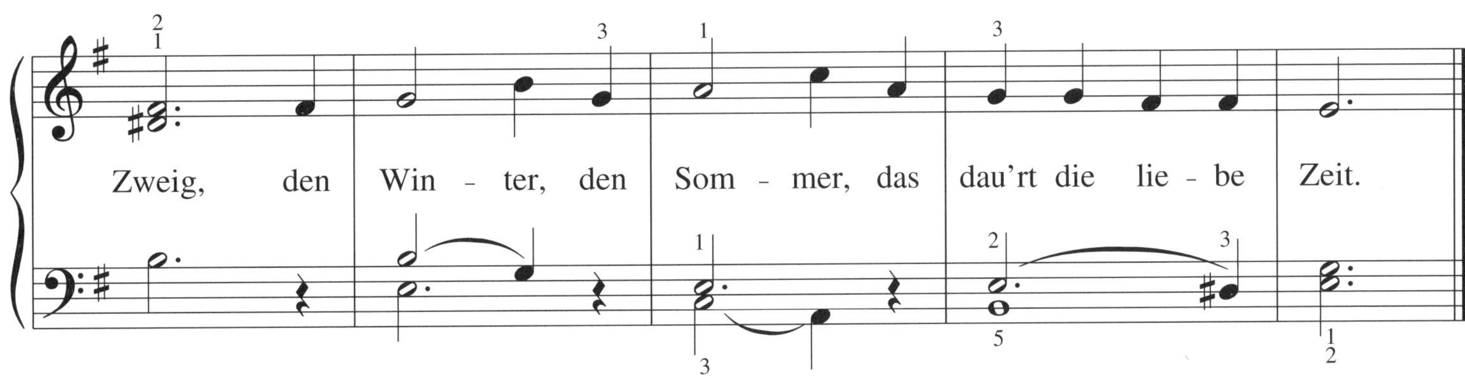

2. „Warum sollt' ich nicht grünen,
da ich noch grünen kann?
Ich hab nicht Vater noch Mutter,
die mich versorgen kann.

3. Und der mich kann versorgen,
das ist der liebe Gott,
der lässt mich wachsen und grünen,
drum bin ich stark und groß."

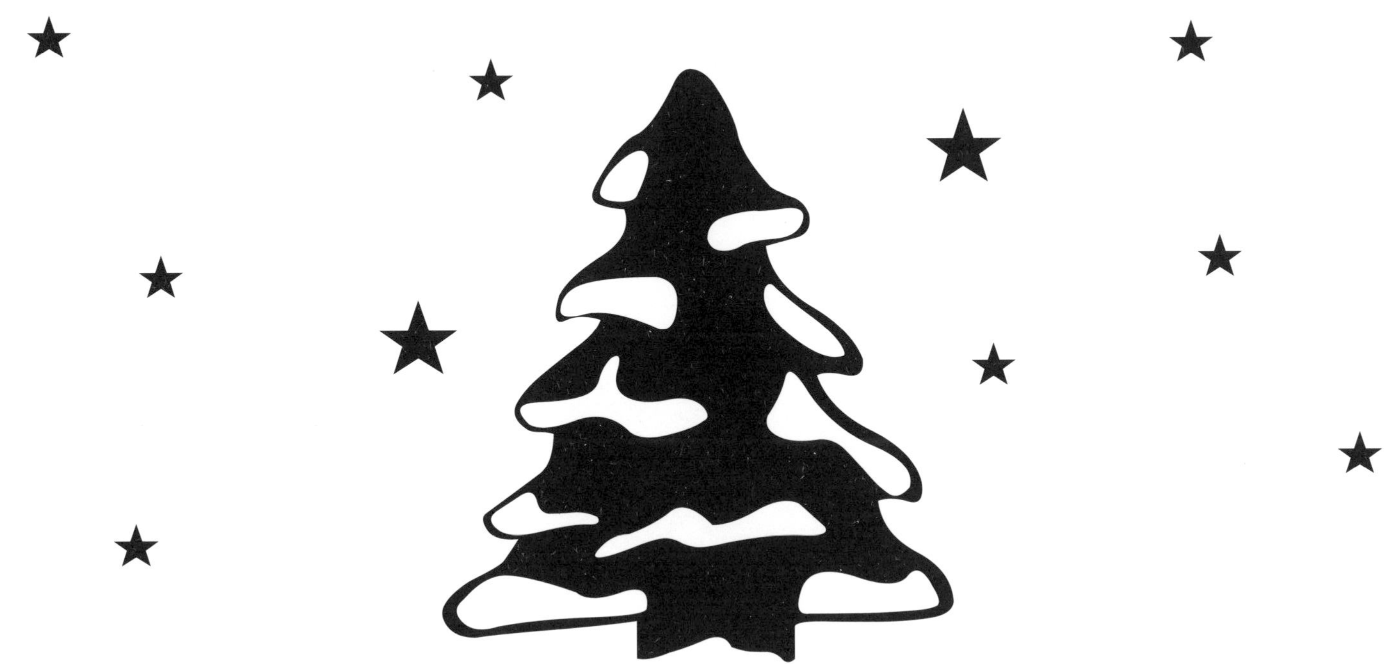

O Tannenbaum, wie grün sind deine Blätter

Text: Ernst Anschütz
Weise: 18. Jahrhundert

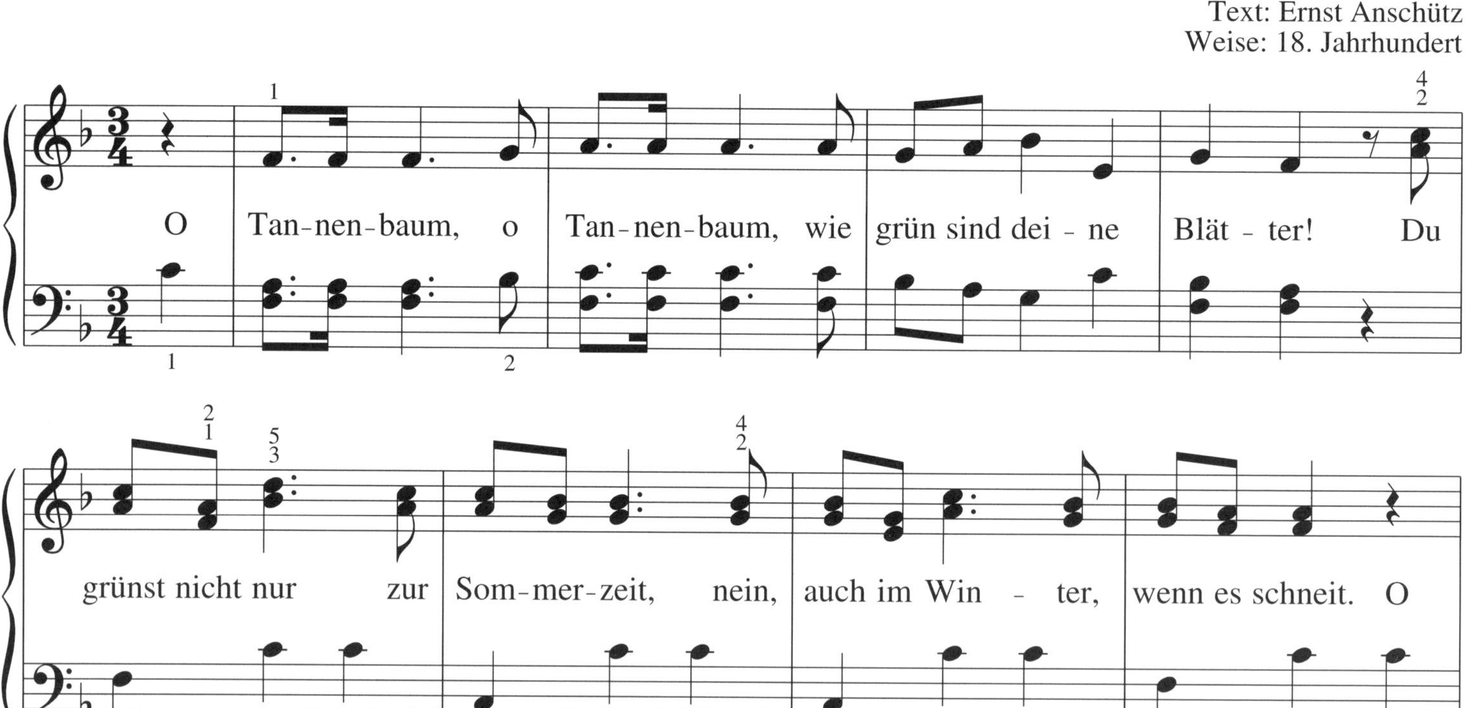

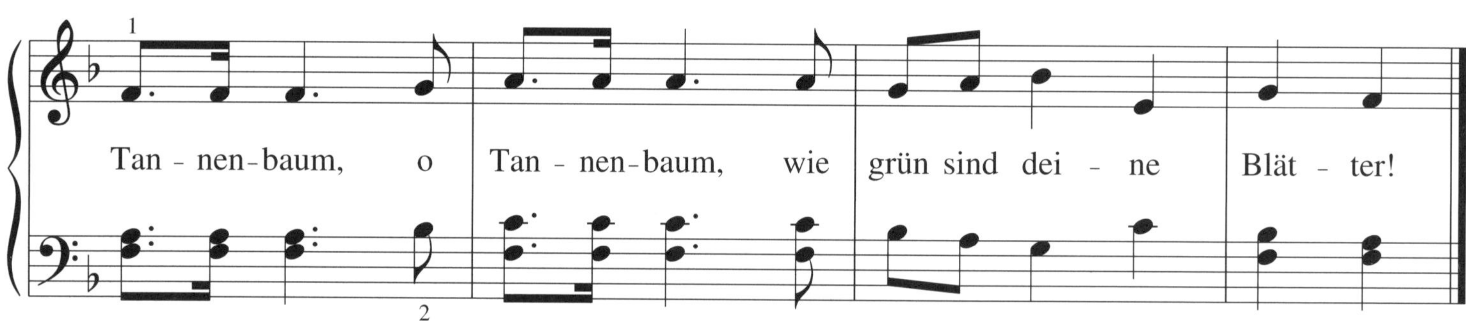

2. O Tannenbaum, o Tannenbaum,
du kannst mir sehr gefallen!
Wie oft hat doch zur Weihnachtszeit
ein Baum von dir mich hocherfreut!
O Tannenbaum, o Tannenbaum,
du kannst mir sehr gefallen!

3. O Tannenbaum, o Tannenbaum,
dein Kleid kann mich was lehren:
Die Hoffnung und Beständigkeit
gibt Trost und Kraft zu jeder Zeit.
O Tannenbaum, o Tannenbaum,
dein Kleid kann mich was lehren!

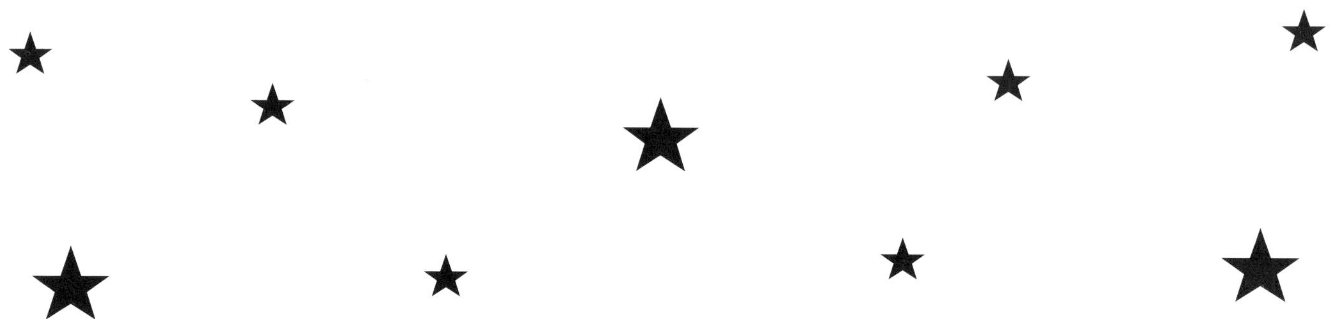

Auf dem Berge, da gehet der Wind

Text und Weise:
aus Oberschlesien

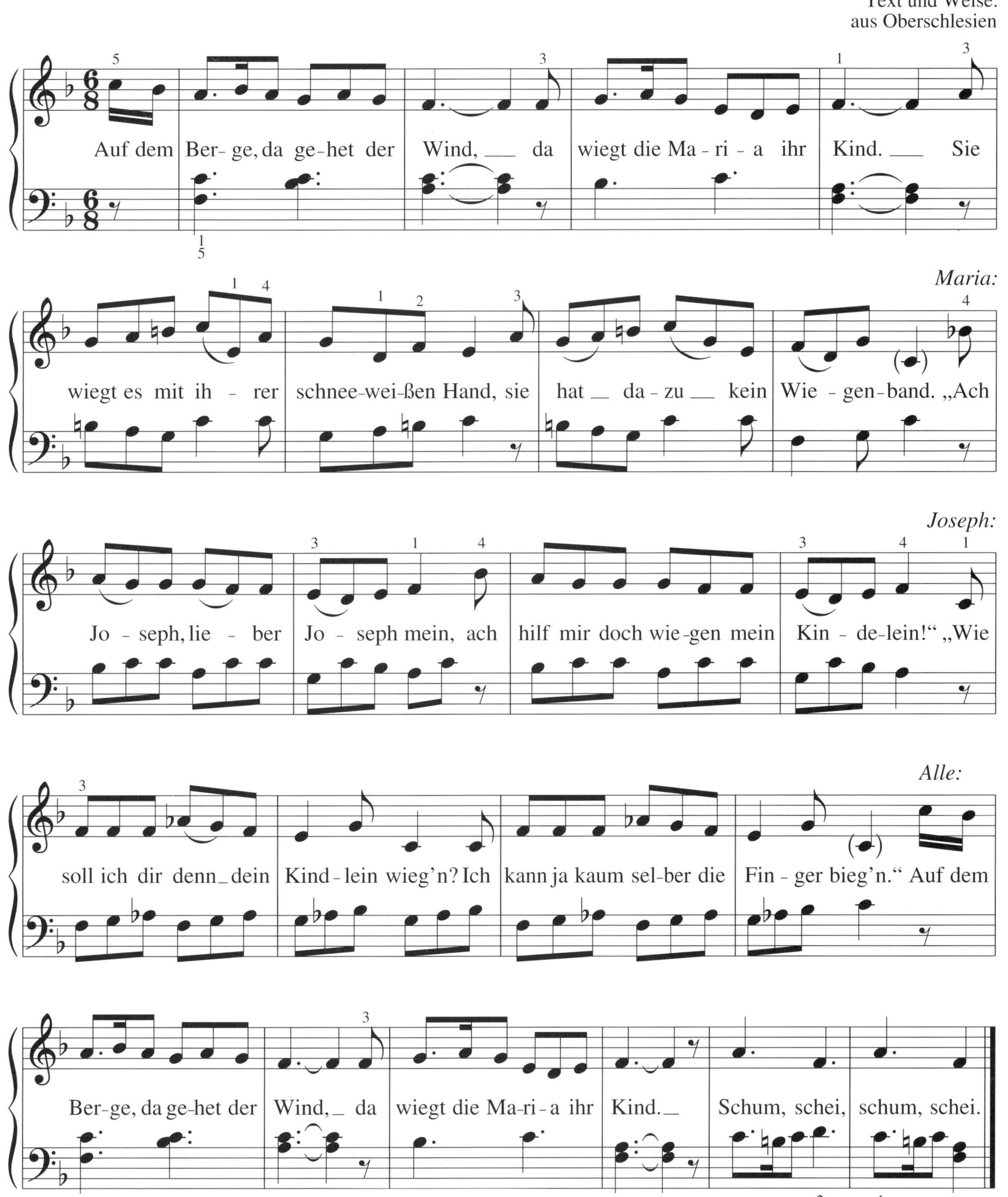

Ich steh an deiner Krippe hier

Text: Paul Gerhardt
Weise: Johann Sebastian Bach

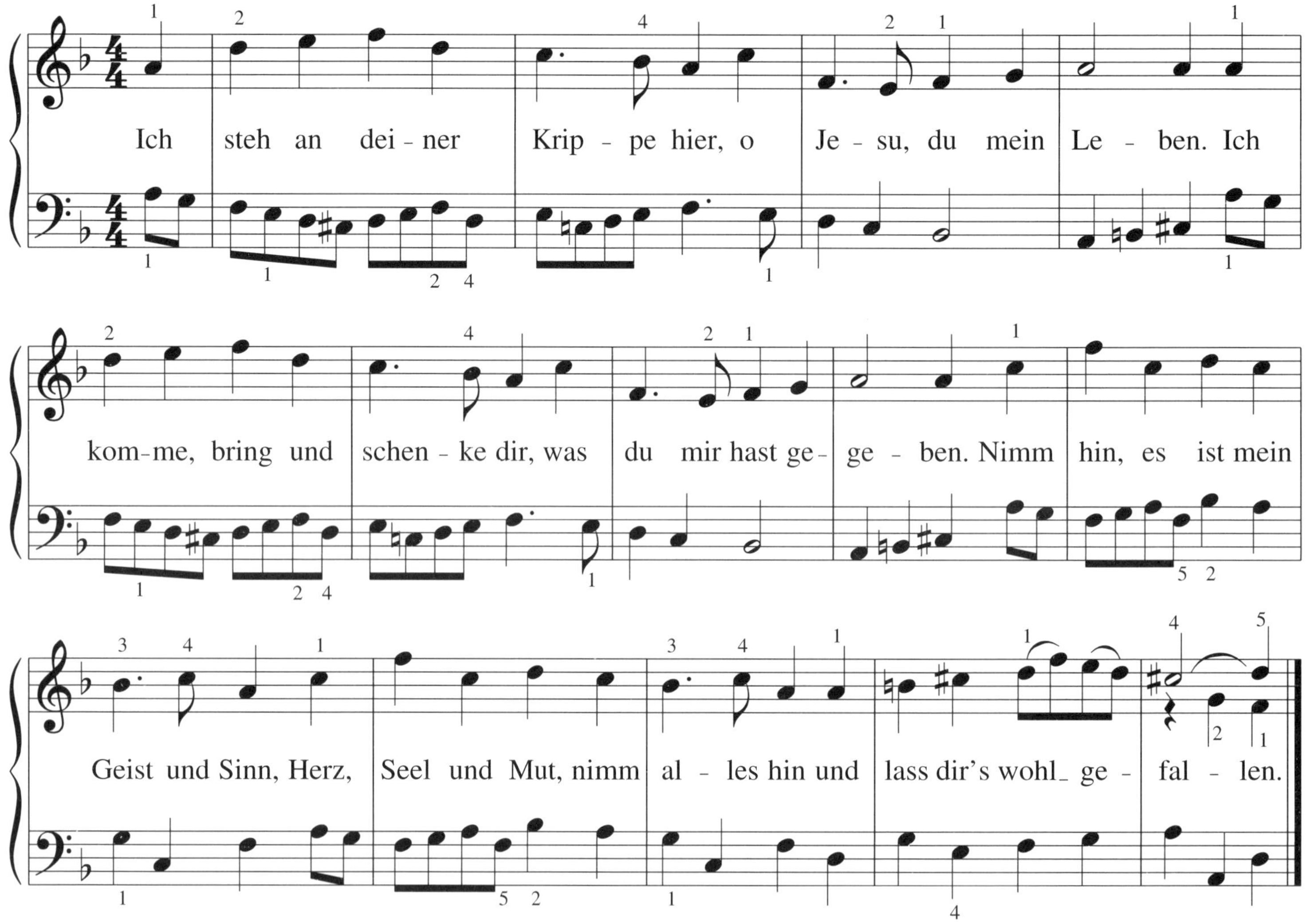

Ich steh an dei - ner Krip - pe hier, o Je - su, du mein Le - ben. Ich
kom-me, bring und schen - ke dir, was du mir hast ge- ge - ben. Nimm hin, es ist mein
Geist und Sinn, Herz, Seel und Mut, nimm al - les hin und lass dir's wohl_ ge - fal - len.

2. Da ich noch nicht geboren war,
da bist du mir geboren
und hast mich dir zu eigen gar,
eh ich dich kannt, erkoren.
Eh ich durch deine Hand gemacht,
da hast du schon bei dir bedacht,
wie du mein wolltest werden.

3. Ich lag in tiefster Todesnacht,
du warest meine Sonne,
die Sonne, die mir zugebracht
Licht, Leben, Freud und Wonne.
O Sonne, die das werte Licht
des Glaubens in mir zugericht',
wie schön sind deine Strahlen!

4. Ich sehe dich mit Freuden an
und kann mich nicht satt sehen;
und weil ich nun nichts weiter kann,
bleib ich anbetend stehen.
O dass mein Sinn ein Abgrund wär
und meine Seel ein weites Meer,
dass ich dich möchte fassen!

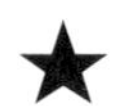

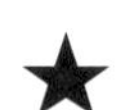

Still, still, still, weil's Kindlein schlafen will

aus Salzburg, 1865

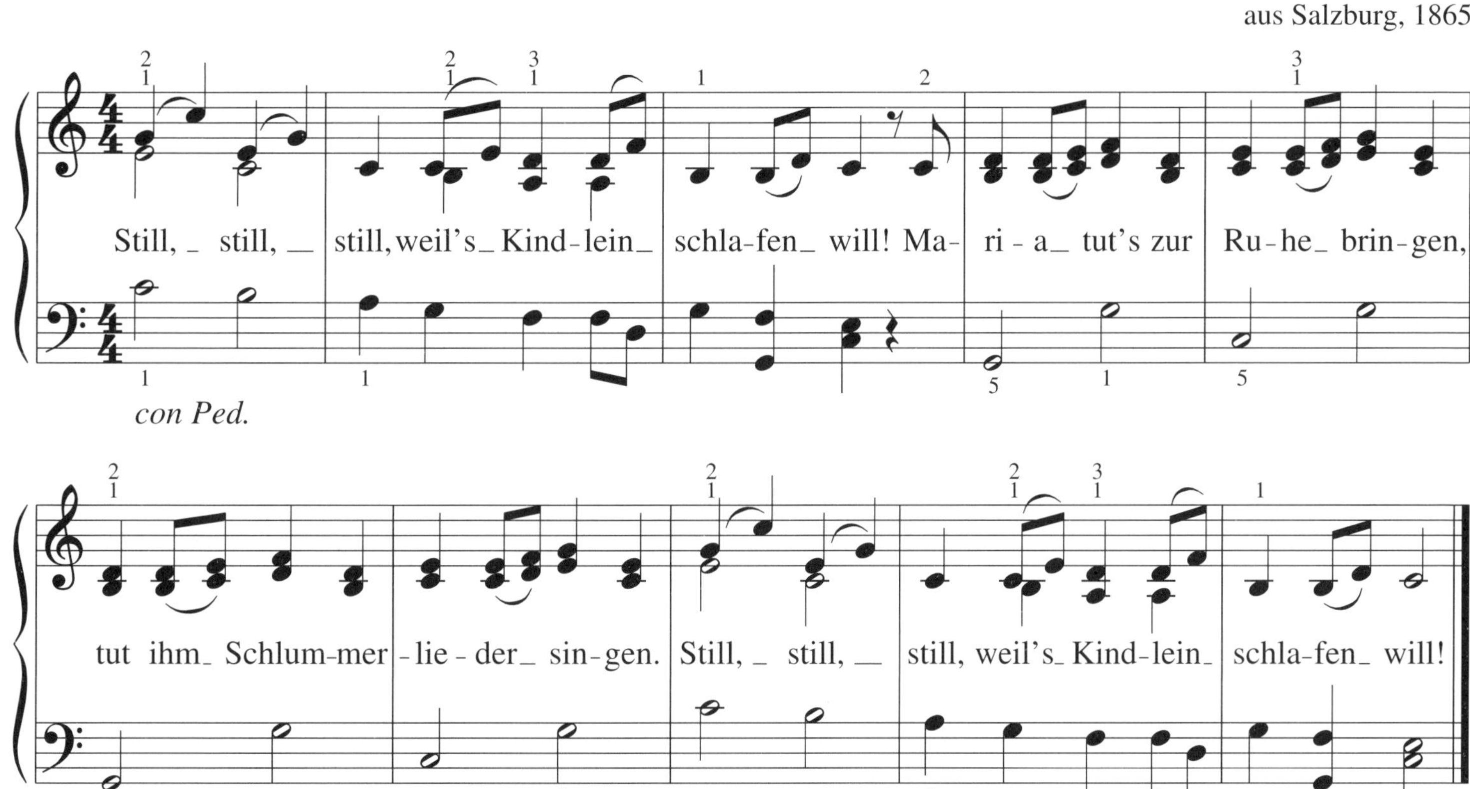

2. Schlaf, schlaf, schlaf, mein liebes Kindlein, schlaf!
Die Engel tun schön musizieren,
bei dem Kindlein jubilieren.
Schlaf, schlaf, schlaf, mein liebes Kindlein, schlaf!

3. Groß, groß, groß, die Lieb ist übergroß!
Gott hat den Himmelsthron verlassen
und muss reisen auf der Straßen.
Groß, groß, groß, die Lieb ist übergroß!

4. Auf, auf, auf, ihr Adamskinder, auf!
Fallet Jesum all zu Füßen,
weil er für uns d'Sünd tut büßen.
Auf, auf, auf, ihr Adamskinder, auf!

5. Wir, wir, wir, wir rufen all zu dir:
Tu uns des Himmels Reich aufschließen,
wenn wir einmal sterben müssen.
Wir, wir, wir, wir rufen all' zu dir!

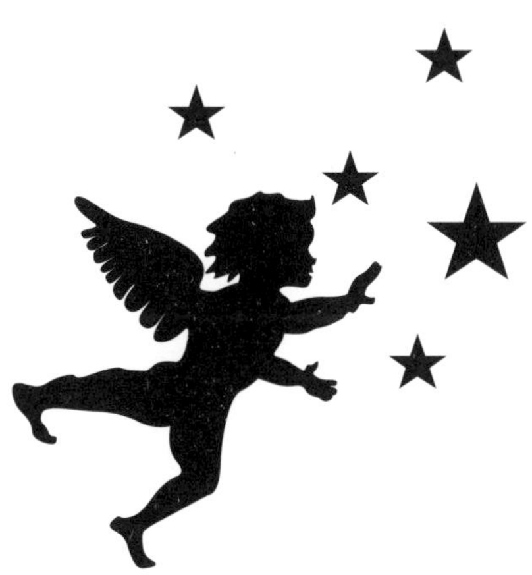

Fröhliche Weihnacht überall

Text: Karola Wilke
Weise: Wolfgang Stumme

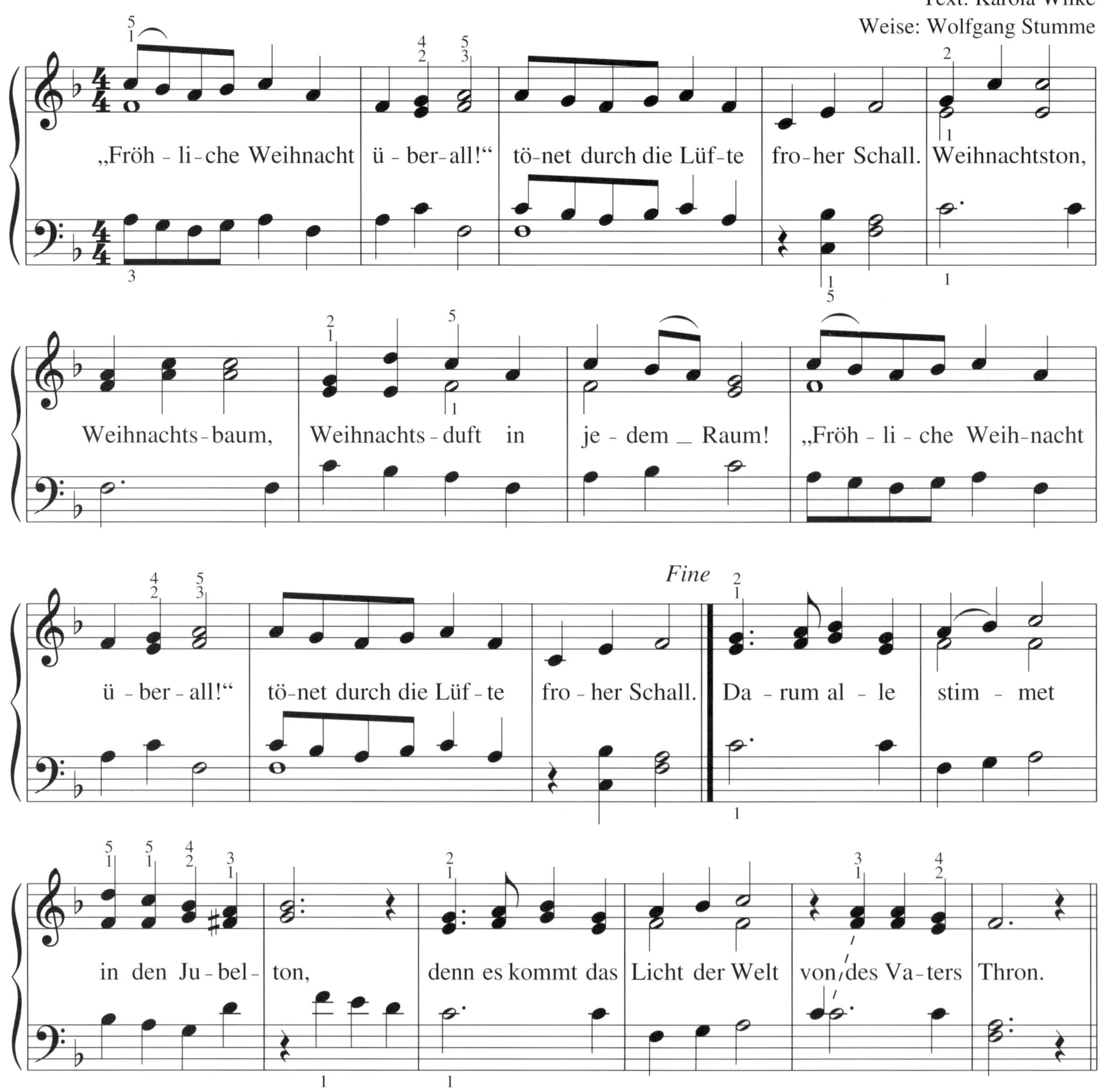

2. „Fröhliche Weihnacht überall!“
tönet durch die Lüfte froher Schall.
Weihnachtston, Weihnachtsbaum,
Weihnachtsduft in jedem Raum!
„Fröhliche Weihnacht überall!“
tönet durch die Lüfte froher Schall.
Licht auf dunklem Wege, unser Licht bist du,
denn du führst, die wir vertraun, ein zu sel’ger Ruh.

3. „Fröhliche Weihnacht überall!“
tönet durch die Lüfte froher Schall.
Weihnachtston, Weihnachtsbaum,
Weihnachtsduft in jedem Raum!
„Fröhliche Weihnacht überall!“
tönet durch die Lüfte froher Schall.
Was wir andern taten, sei getan für dich,
dass bekennen jeder muss: Christkind kam für mich.

Es ist ein Ros' entsprungen

Text und Weise:
16. Jahrhundert

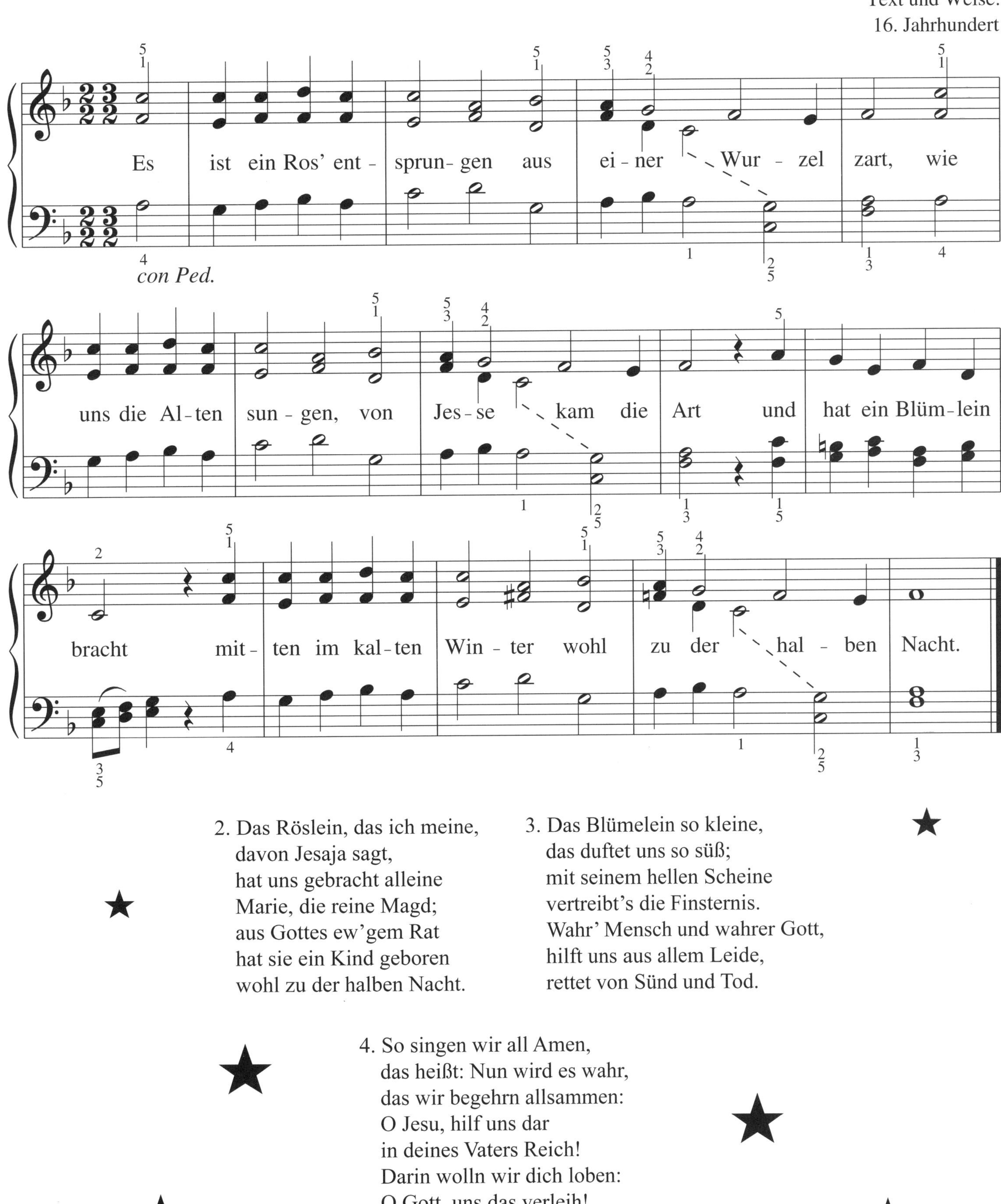

2. Das Röslein, das ich meine,
davon Jesaja sagt,
hat uns gebracht alleine
Marie, die reine Magd;
aus Gottes ew'gem Rat
hat sie ein Kind geboren
wohl zu der halben Nacht.

3. Das Blümelein so kleine,
das duftet uns so süß;
mit seinem hellen Scheine
vertreibt's die Finsternis.
Wahr' Mensch und wahrer Gott,
hilft uns aus allem Leide,
rettet von Sünd und Tod.

4. So singen wir all Amen,
das heißt: Nun wird es wahr,
das wir begehrn allsammen:
O Jesu, hilf uns dar
in deines Vaters Reich!
Darin wolln wir dich loben:
O Gott, uns das verleih!

Fröhlich soll mein Herze springen

Text: Paul Gerhardt
Weise: Johann Crüger

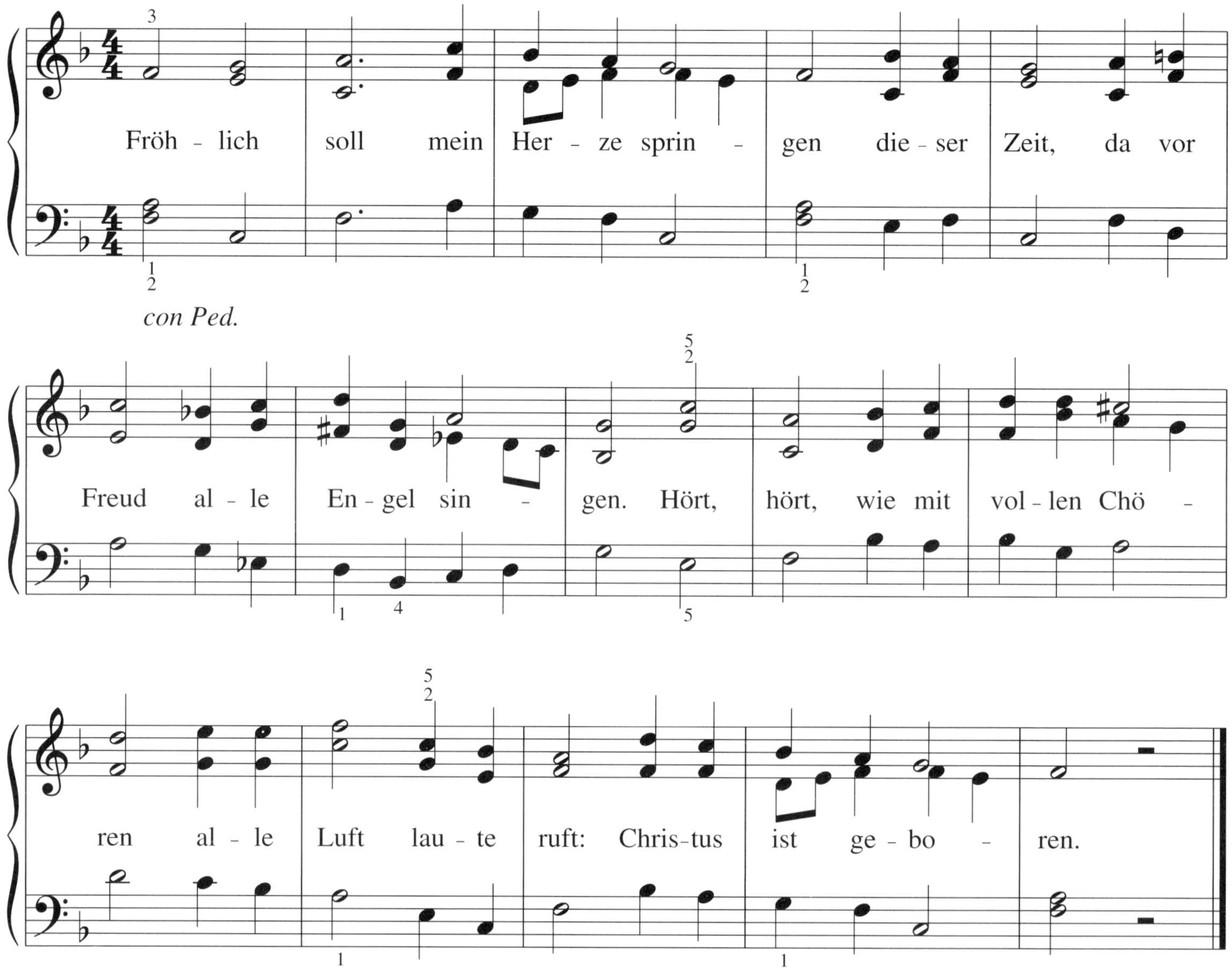

Fröh - lich soll mein Her - ze sprin - gen die - ser Zeit, da vor

con Ped.

Freud al - le En - gel sin - gen. Hört, hört, wie mit vol - len Chö -

ren al - le Luft lau - te ruft: Chris - tus ist ge - bo - ren.

2. Heute geht aus seiner Kammer
   Gottes Held, der die Welt
   reißt aus allem Jammer.
   Gott wird Mensch dir, Mensch, zugute;
   Gottes Kind, das verbind't
   sich mit unserm Blute.

3. Ei, so kommt und lasst uns laufen;
   stellt euch ein, groß und klein,
   eilt mit großen Haufen!
   Liebt den, der vor Liebe brennet;
   schaut den Stern, der euch gern
   Licht und Labsal gönnet!

4. Sollt uns Gott nun können hassen,
   der uns gibt, was er liebt
   über alle Maßen?
   Gott gibt, unserm Leid zu wehren,
   seinen Sohn aus dem Thron
   seiner Macht und Ehren.

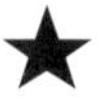

O du fröhliche

Text: Johannes David Falk
Sizilianische Volksweise

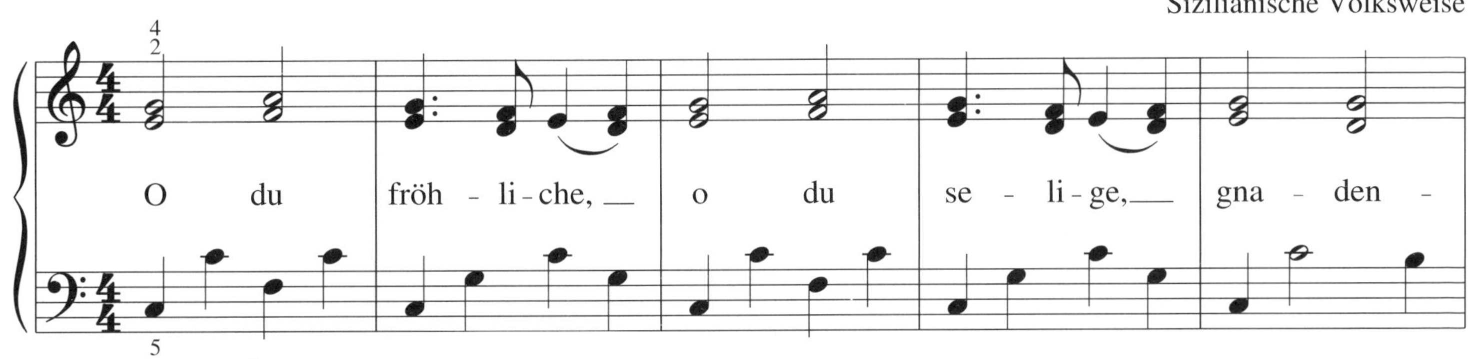

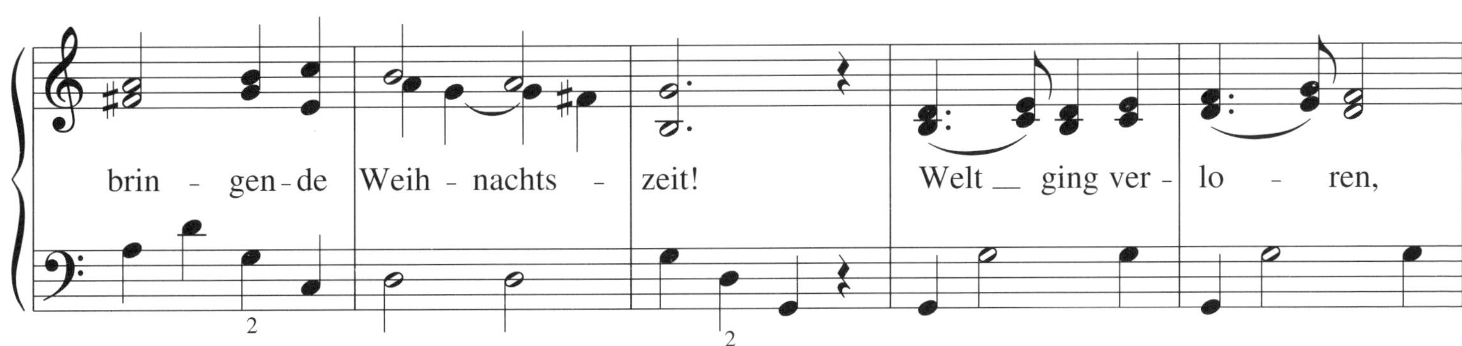

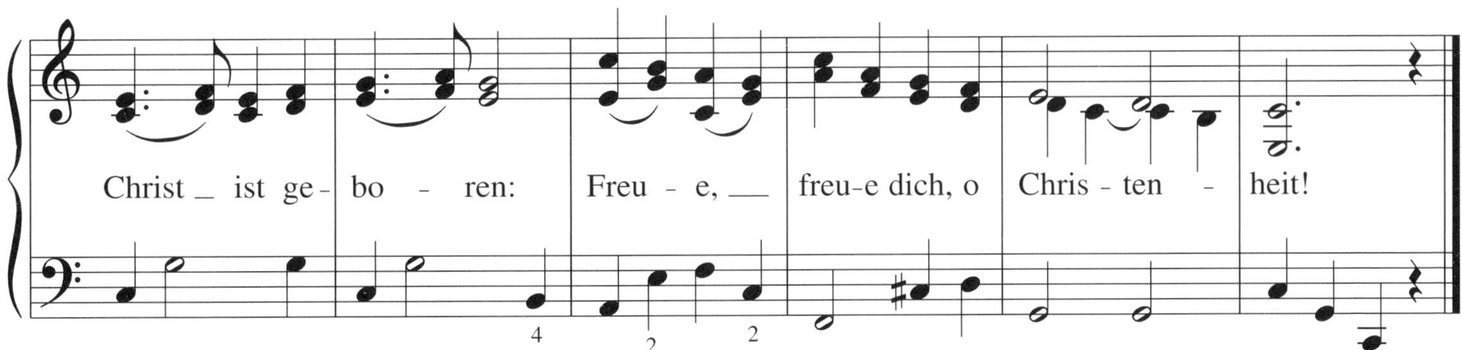

2. O du fröhliche, o du selige,
gnadenbringende Weihnachtszeit!
Christ ist erschienen,
uns zu versühnen:
Freue, freue dich, o Christenheit!

3. O du fröhliche, o du selige,
gnadenbringende Weihnachtszeit!
Himmlische Heere
jauchzen dir Ehre:
Freue, freue dich, o Christenheit!

4. O du fröhliche, o du selige,
gnadenbringende Weihnachtszeit!
König der Ehren,
dich wolln wir hören:
Freue, freue dich, o Christenheit!

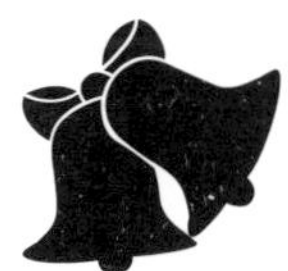

Der Heiland ist geboren

Text und Weise:
aus Österreich

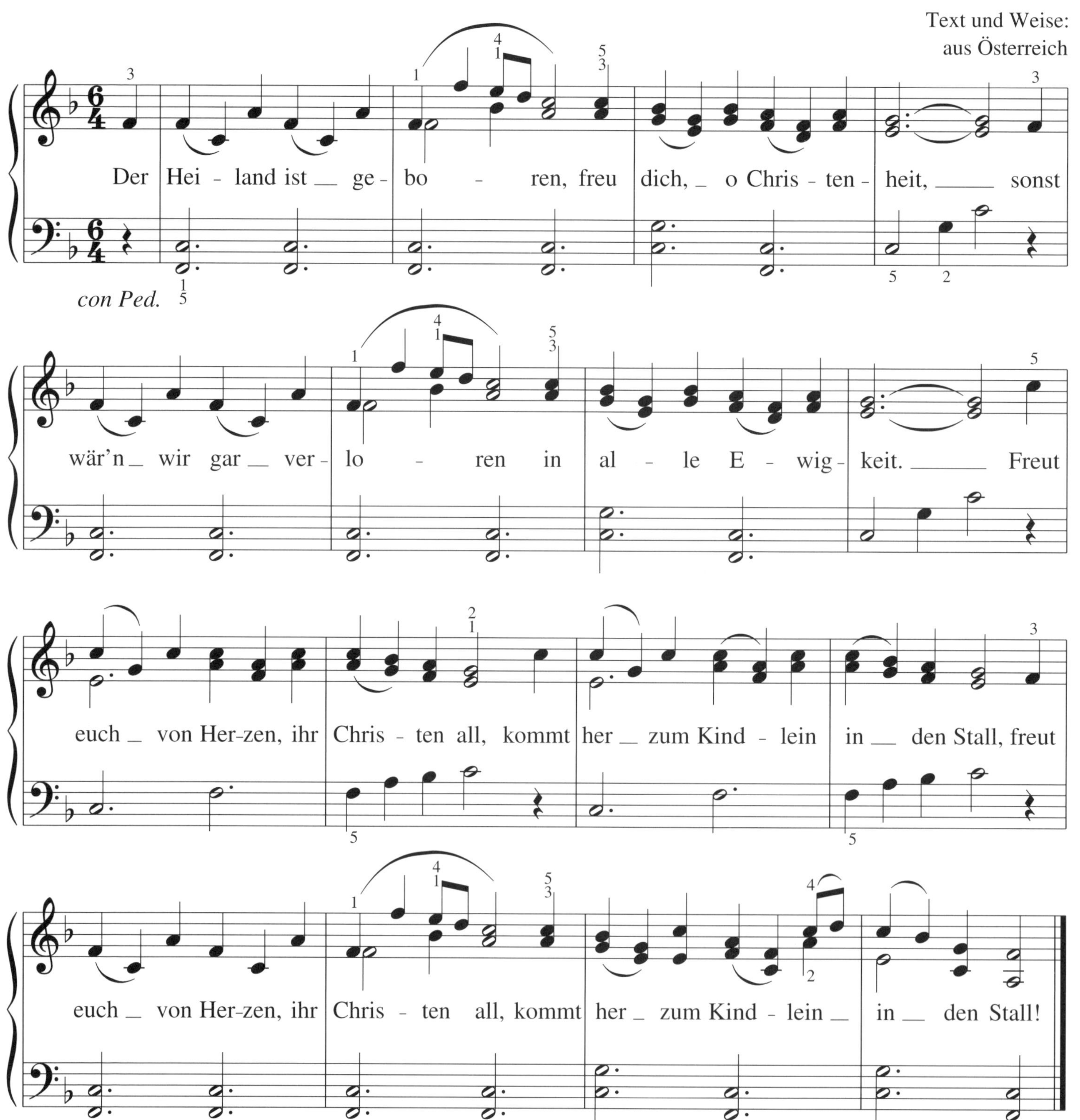

2. Das Kindlein auserkoren, freu dich, o Christenheit,
so in dem Stall geboren, hat Himmel und Erd erfreut.
Freut euch von Herzen, ihr Christen all, kommt her zum Kindlein in den Stall,
freut euch von Herzen, ihr Christen all, kommt her zum Kindlein in den Stall!

In dulci jubilo

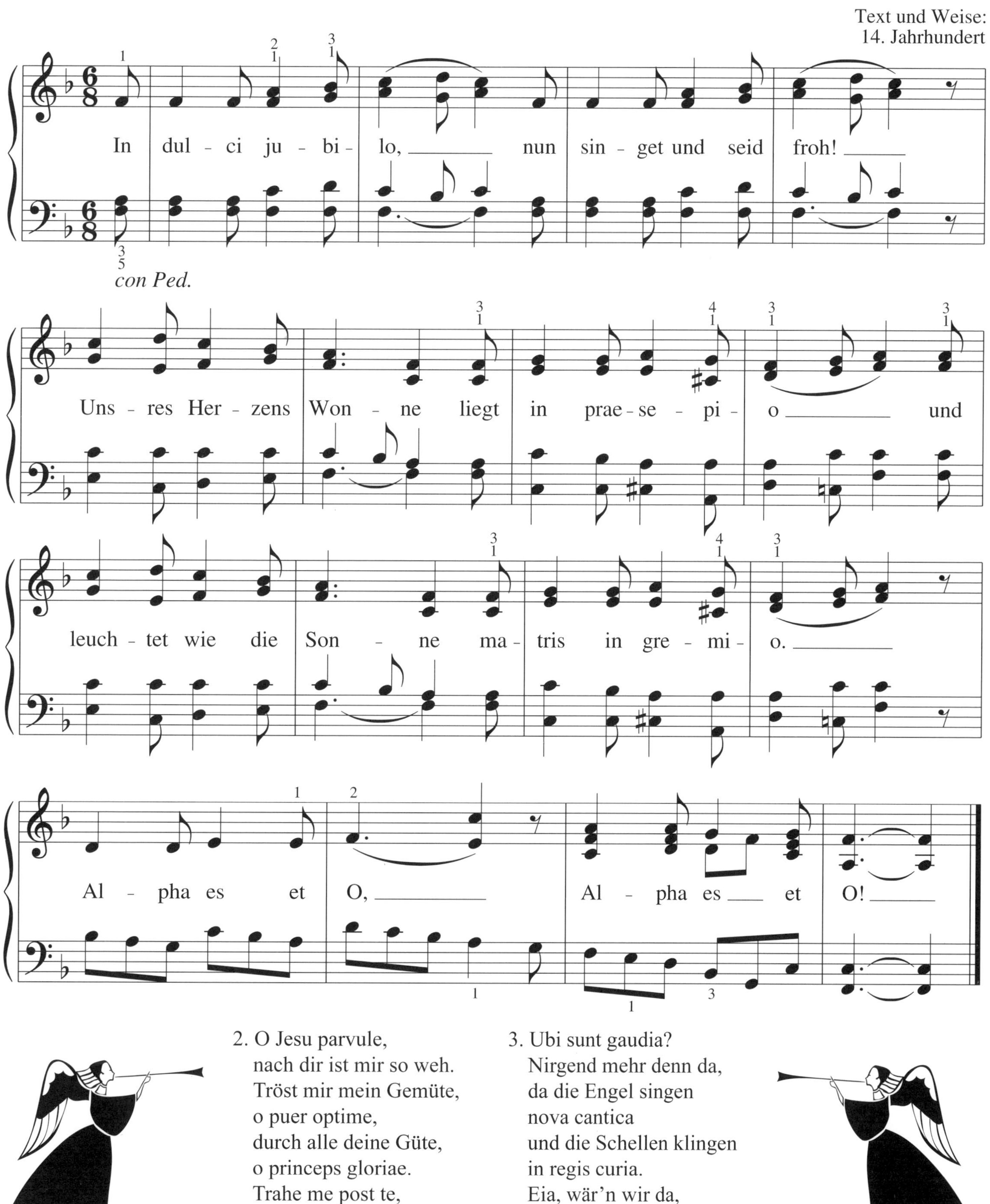

2. O Jesu parvule,
nach dir ist mir so weh.
Tröst mir mein Gemüte,
o puer optime,
durch alle deine Güte,
o princeps gloriae.
Trahe me post te,
trahe me post te!

3. Ubi sunt gaudia?
Nirgend mehr denn da,
da die Engel singen
nova cantica
und die Schellen klingen
in regis curia.
Eia, wär'n wir da,
eia, wär'n wir da!

Tochter Zion

Text: Friedrich Heinrich Ranke
Weise: Georg Friedrich Händel

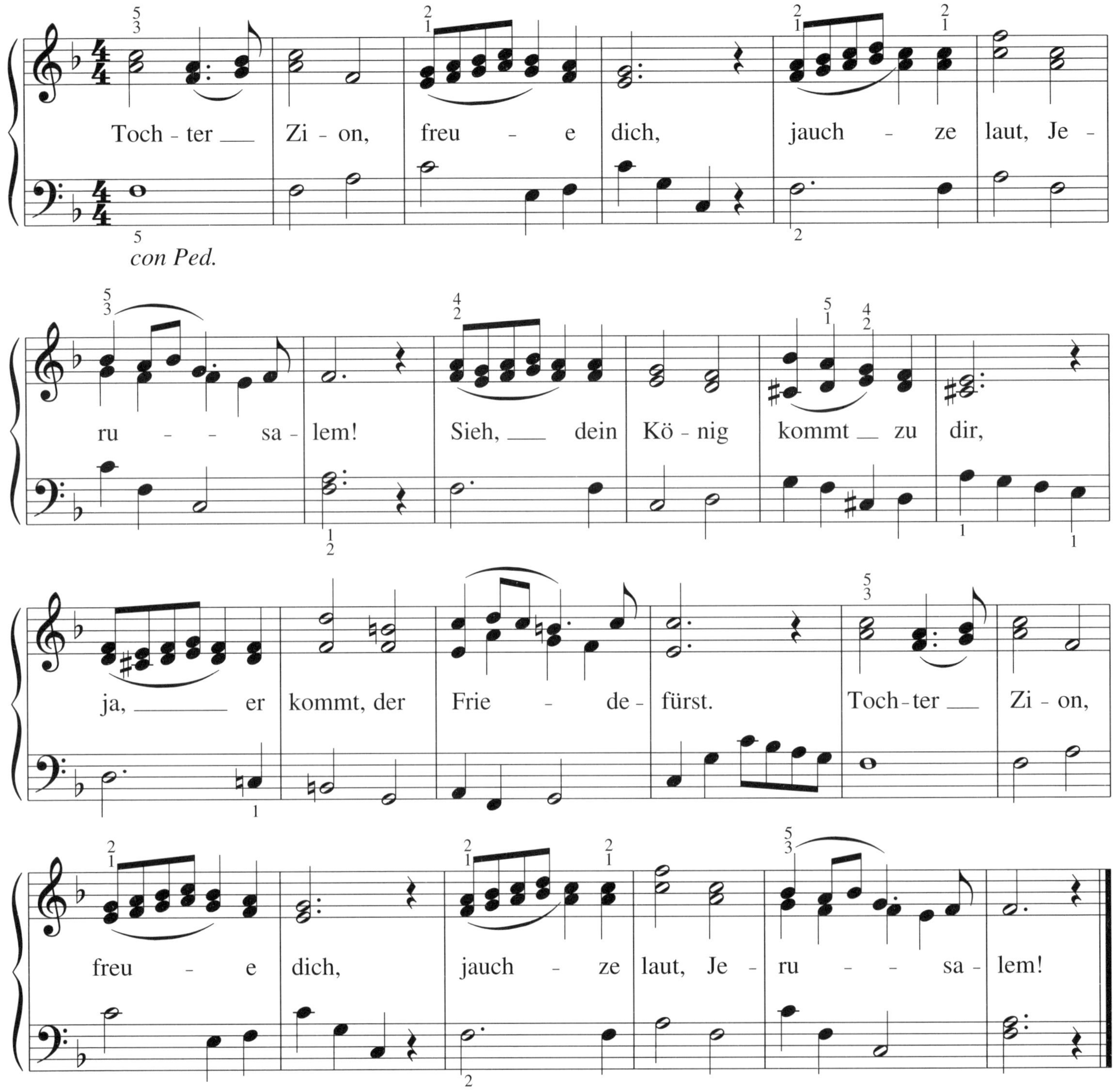

Toch - ter Zi - on, freu - e dich, jauch - ze laut, Je -

con Ped.

ru - sa - lem! Sieh, dein Kö - nig kommt zu dir,

ja, er kommt, der Frie - de - fürst. Toch - ter Zi - on,

freu - e dich, jauch - ze laut, Je - ru - sa - lem!

2. Hosianna, Davids Sohn,
sei gesegnet deinem Volk!
Gründe nun dein ew'ges Reich,
Hosianna in der Höh!
Hosianna, Davids Sohn,
sei gesegnet deinem Volk!

3. Hosianna, Davids Sohn,
sei gegrüßet, König mild!
Ewig steht dein Friedensthron,
du, des ew'gen Vaters Kind.
Hosianna, Davids Sohn,
sei gegrüßet, König mild!

Macht hoch die Tür

Text: Georg Weißel
Weise: um 1700

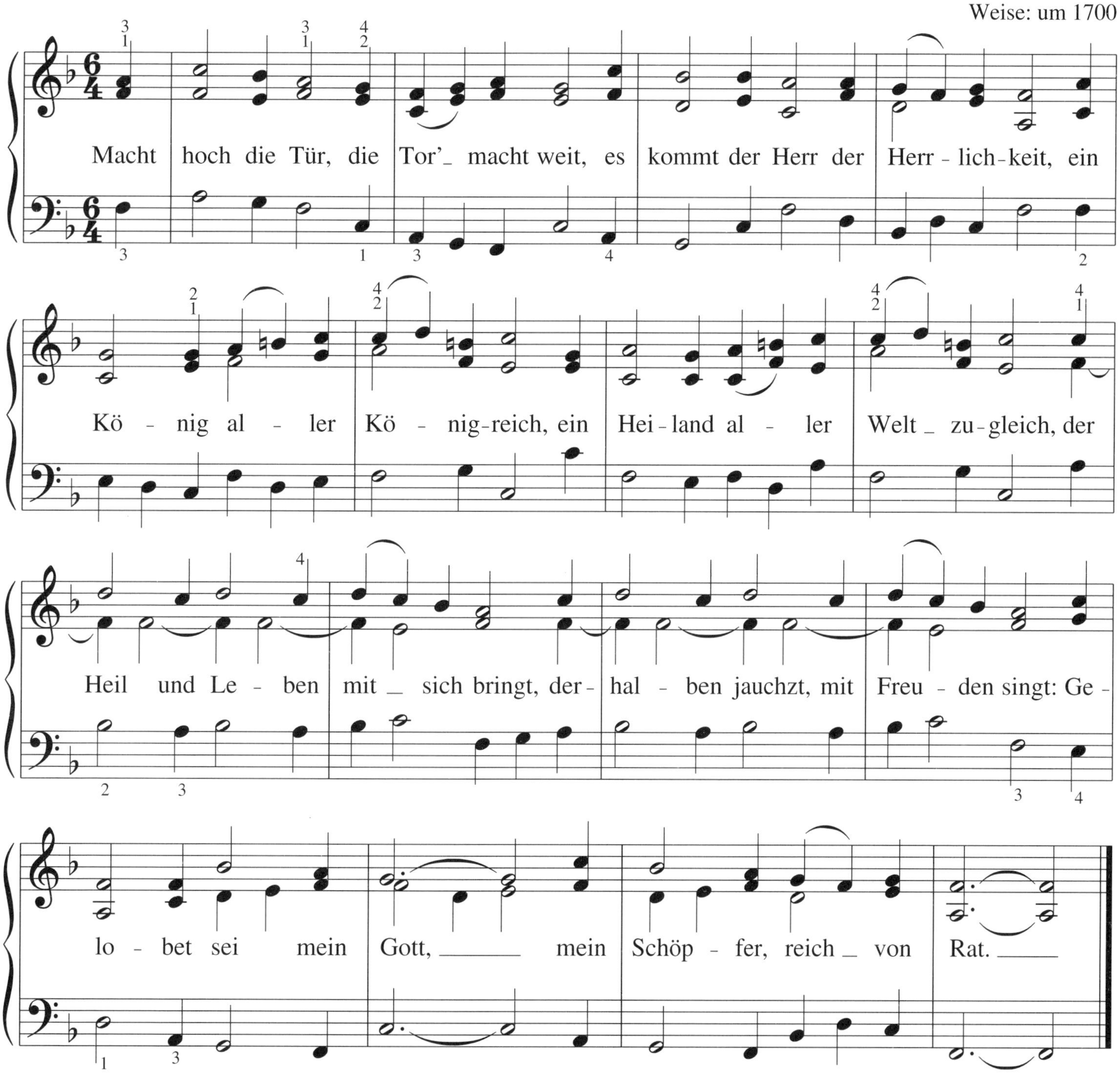

Macht hoch die Tür, die Tor'_ macht weit, es kommt der Herr der Herr - lich - keit, ein

Kö - nig al - ler Kö - nig - reich, ein Hei - land al - ler Welt _ zu - gleich, der

Heil und Le - ben mit _ sich bringt, der - hal - ben jauchzt, mit Freu - den singt: Ge -

lo - bet sei mein Gott, ___ mein Schöp - fer, reich _ von Rat. ___

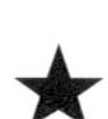

2. Er ist gerecht, ein Helfer wert,
Sanftmütigkeit ist sein Gefährt,
sein Königskron ist Heiligkeit,
sein Zepter ist Barmherzigkeit;
all unsre Not zum End er bringt,
derhalben jauchzt, mit Freuden singt:
Gelobet sei mein Gott,
mein Heiland, groß von Tat.

3. O wohl dem Land, o wohl der Stadt,
so diesen König bei sich hat.
Wohl allen Herzen insgemein,
da dieser König ziehet ein.
Er ist die rechte Freudensonn,
bringt mit sich lauter Freud und Wonn.
Gelobet sei mein Gott,
mein Tröster, früh und spat.

Olaf Ostesons Traumlied

nach einer alt-norwegischen Volksdichtung
Text und Melodie: A. Terzibaschitsch

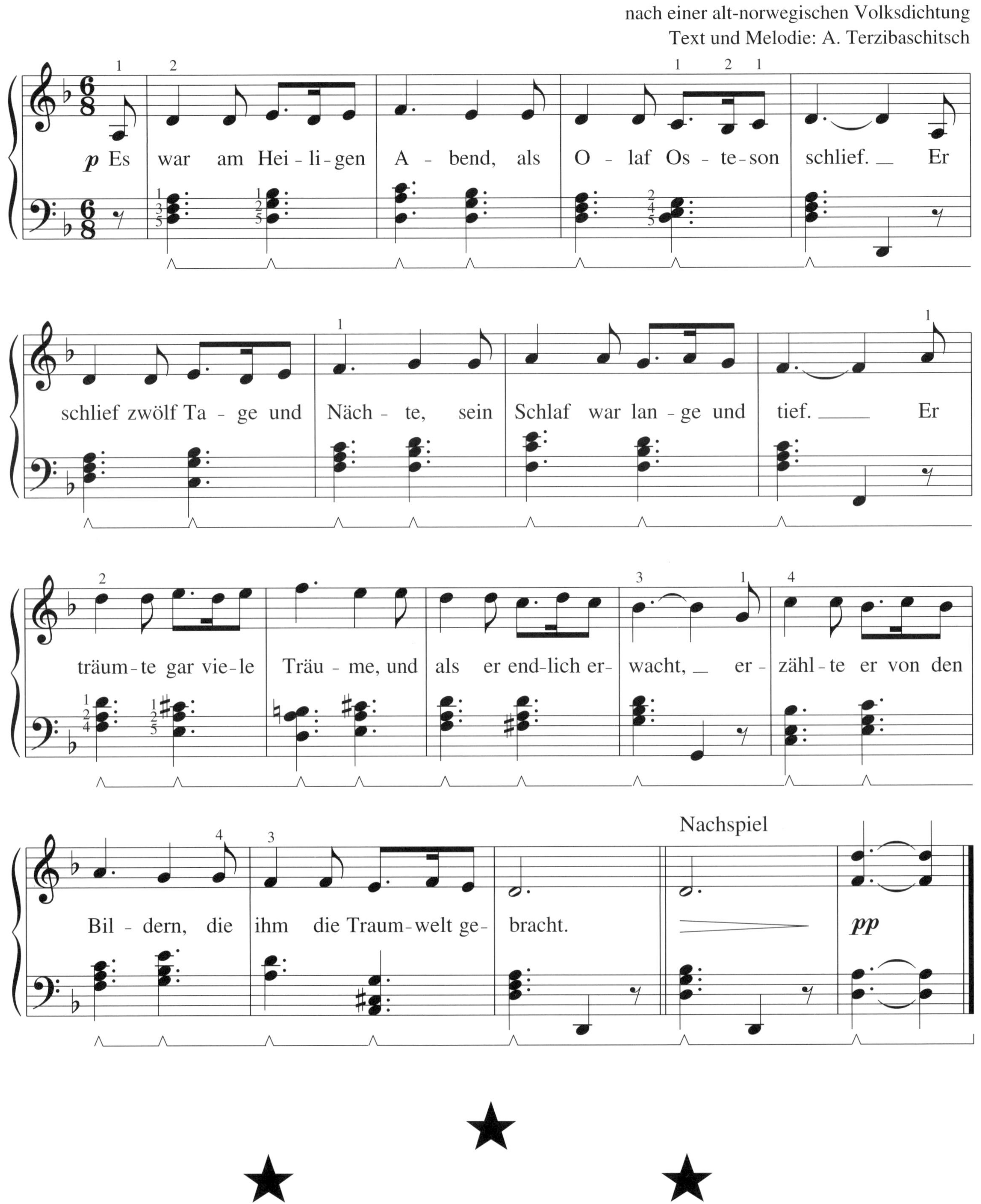

Verkündigung

Text und Melodie:
A. Terzibaschitsch

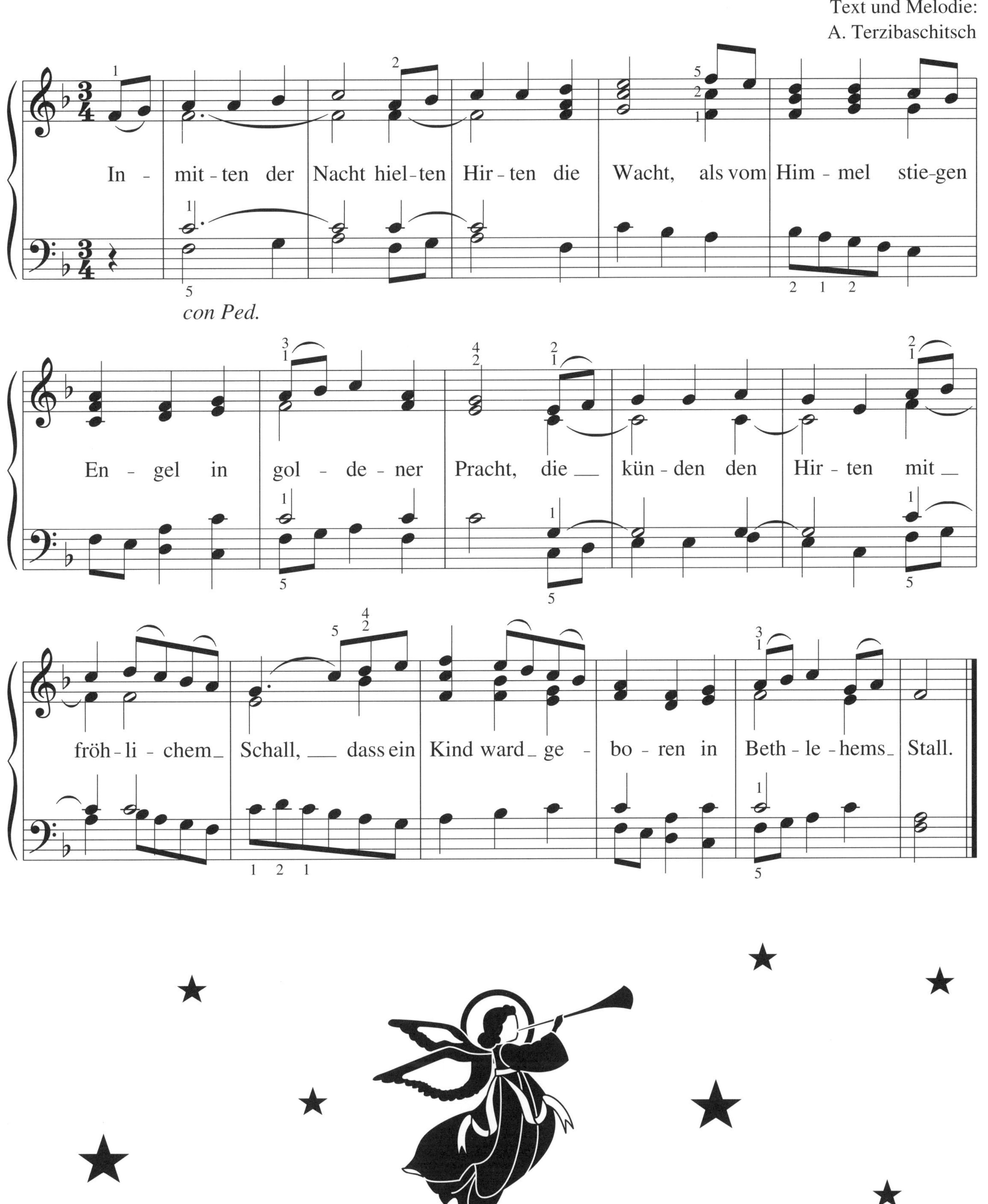

What Child Is This

Text: William Chatterton Dix
Englische Weise

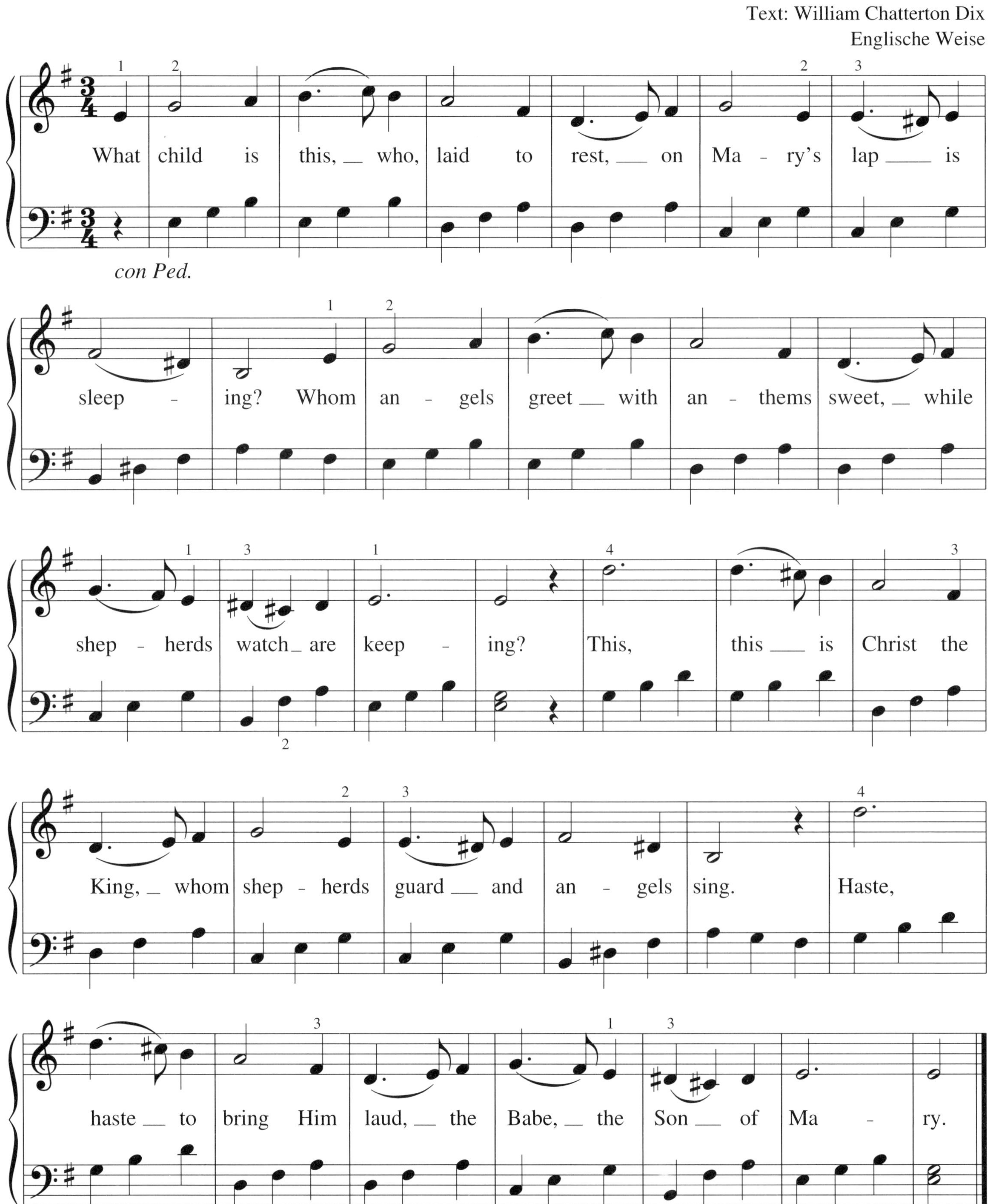

2. Why lies He in such mean estate,
Where ox and ass are feeding?
Come, have no fear, God's son is here,
His love all loves exceeding:
Nails, spear, shall pierce Him through,
The cross be borne for me, for you:
Hail, hail, the Saviour comes,
The Babe, the son of Mary.

3. So bring Him incense, gold and myrrh,
All tongues and people own Him,
The King of kings salvation brings,
Let every heart enthrone Him:
Raise, raise your song on high
While Mary sings a lullaby,
Joy, joy, for Christ is born,
The Babe, the son of Mary.

Away In A Manger

aus England

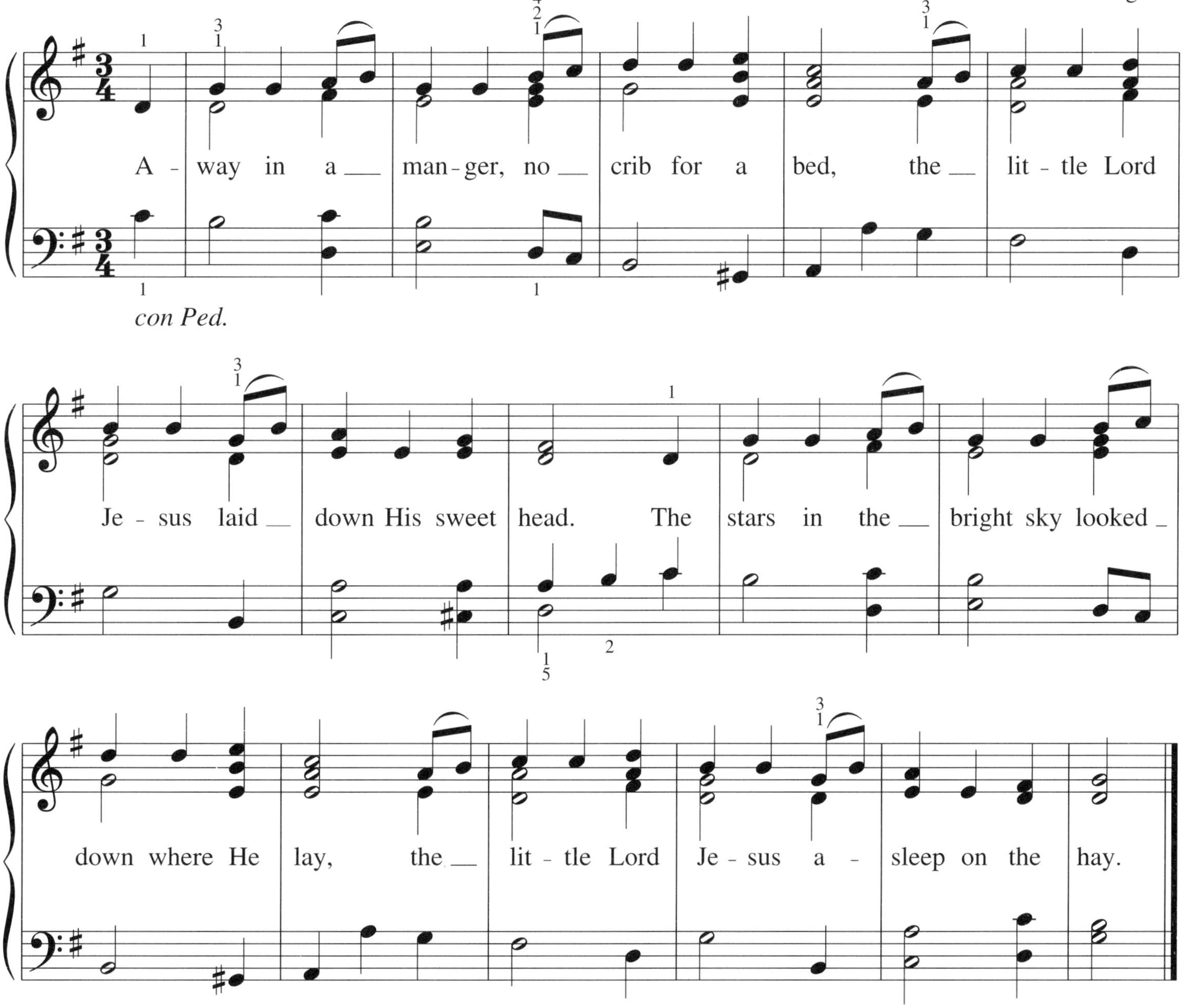

A - way in a man-ger, no crib for a bed, the lit - tle Lord

con Ped.

Je - sus laid down His sweet head. The stars in the bright sky looked

down where He lay, the lit - tle Lord Je - sus a - sleep on the hay.

Go, Tell It On The Mountain

Spiritual

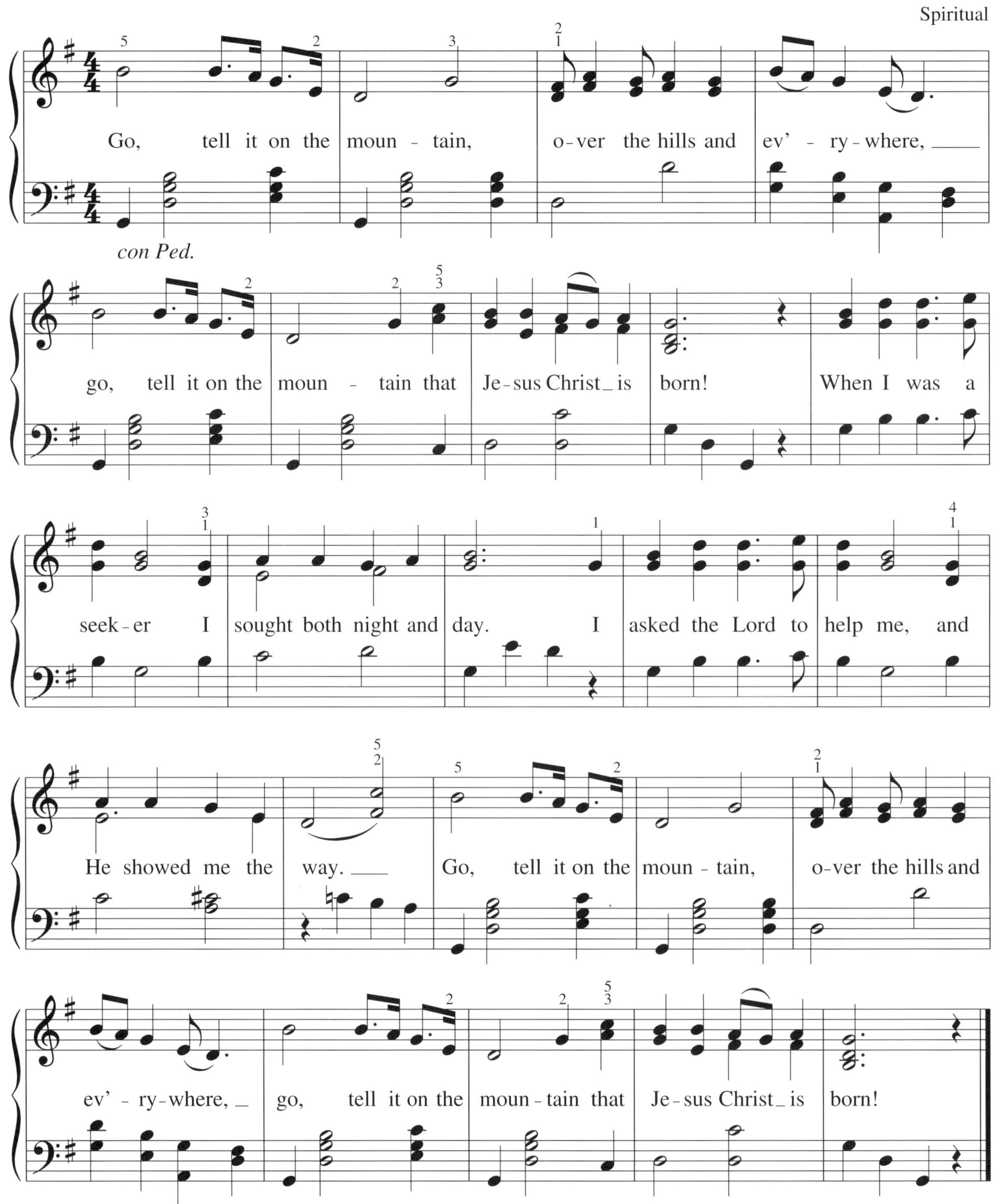

The First Noel

Englische Weise

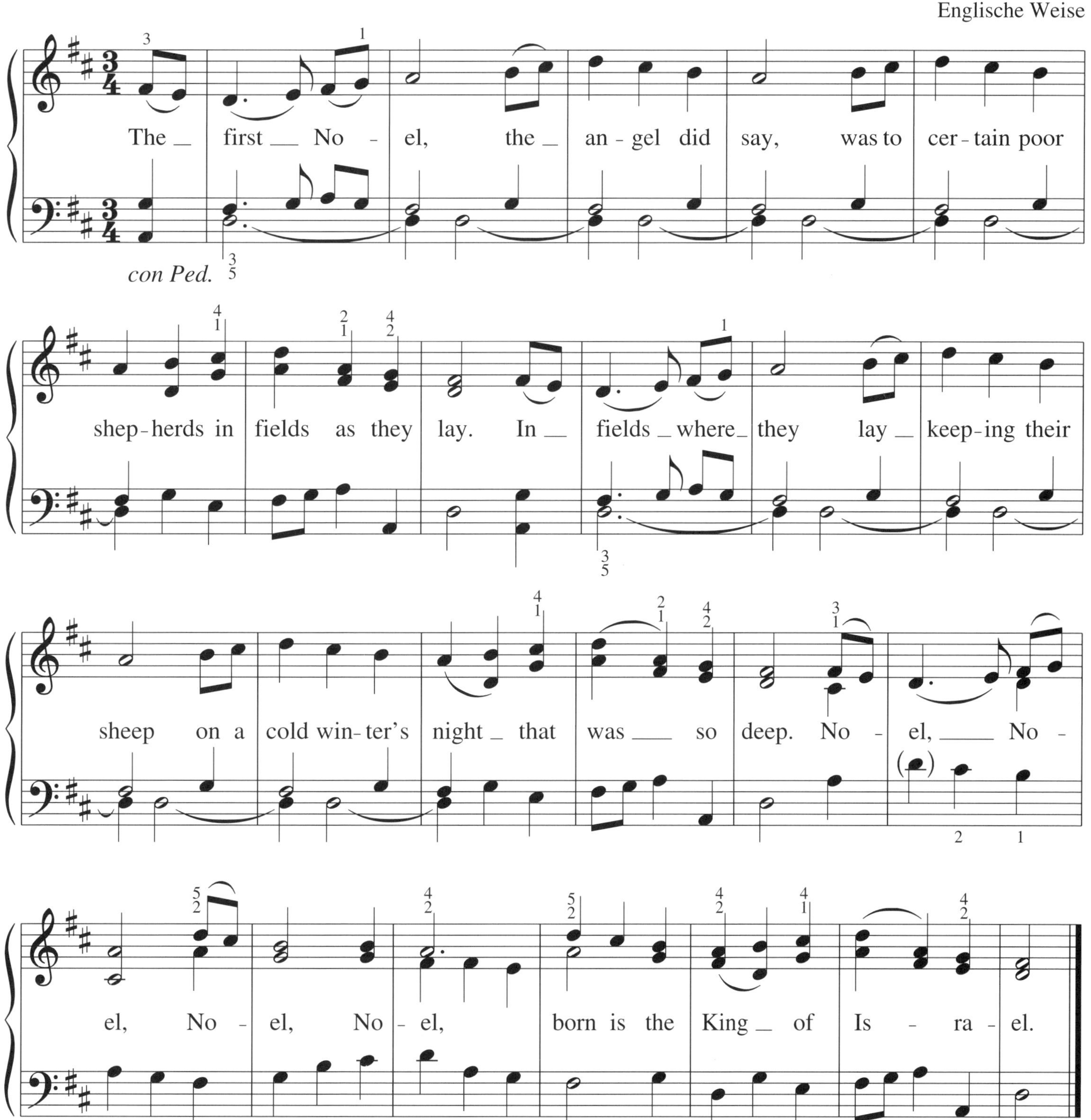

2. They looked up and saw a star
Shining in the east beyond them far,
And to the earth it gave great light,
And so it continued both day and night.
Noel, Noel, Noel, Noel,
Born is the King of Israel.

3. And by the light of that same star
Three wise men came from country far;
To seek for a King was their intent,
And to follow the star wherever it went.
Noel, Noel, Noel, Noel,
Born is the King of Israel.

Kommet, ihr Hirten

Secondo

Text: Carl Riedel
Weise: aus Böhmen

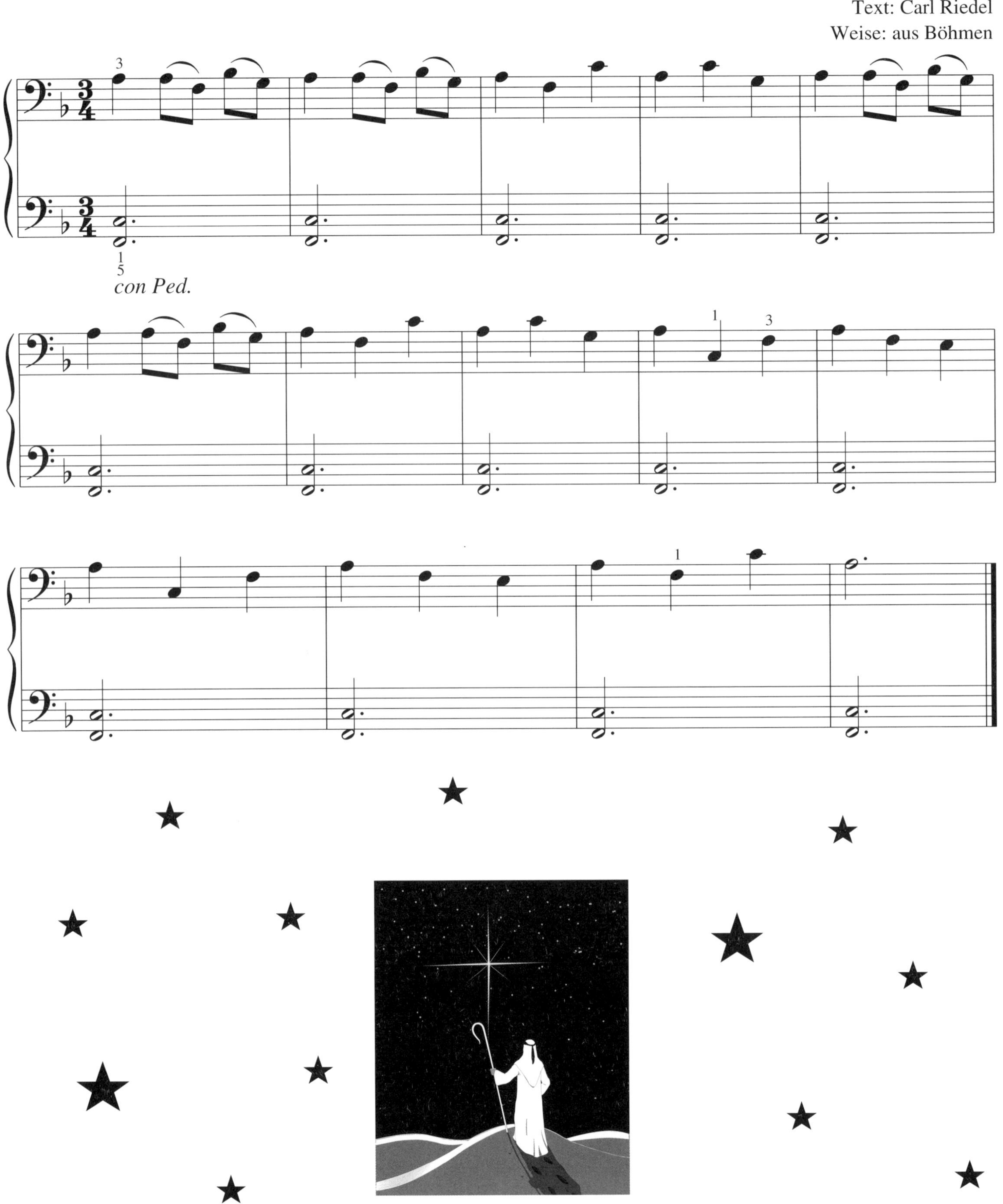

Kommet, ihr Hirten

Primo

Text: Carl Riedel
Weise: aus Böhmen

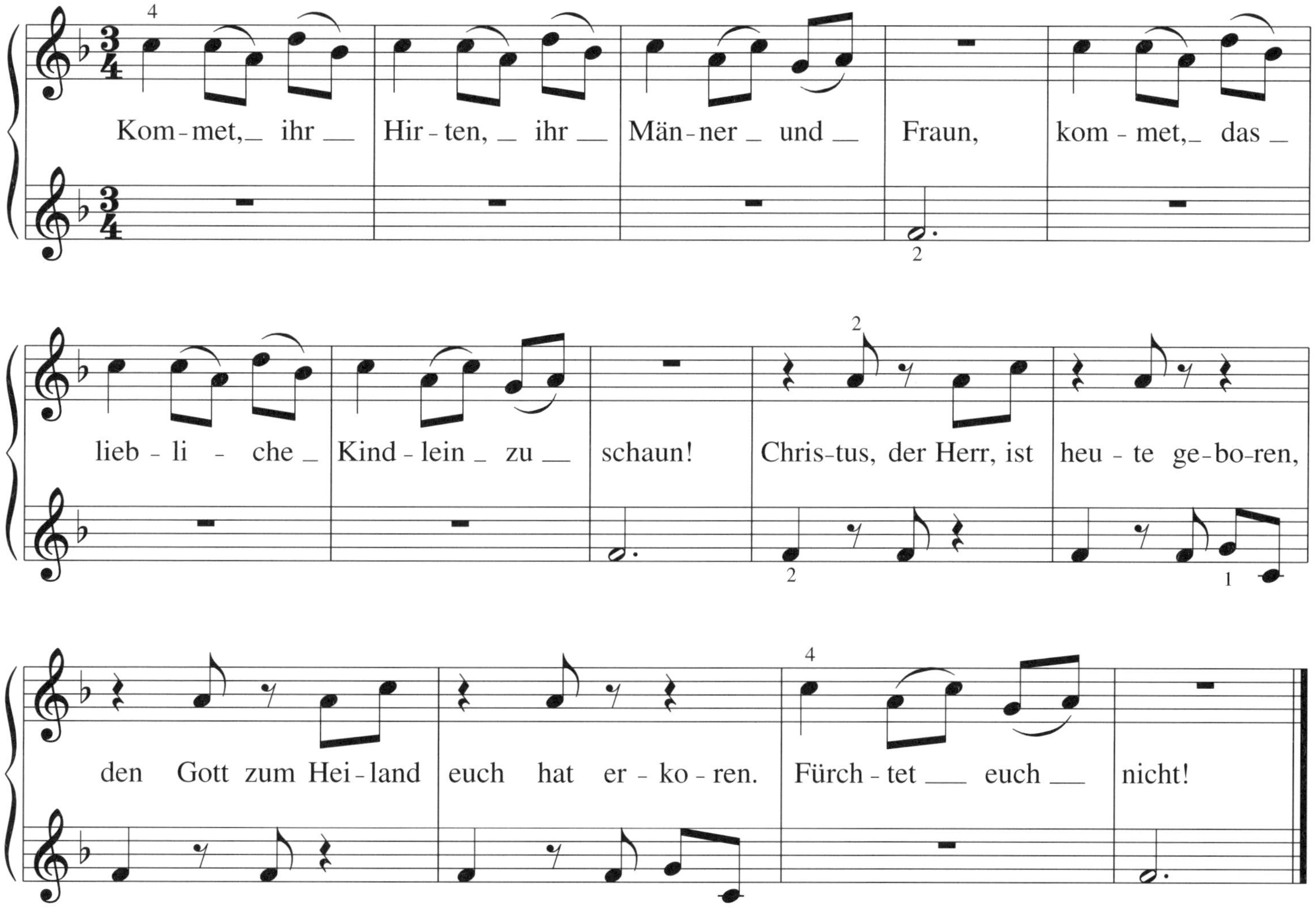

Kom-met, ihr Hir-ten, ihr Män-ner und Fraun, kom-met, das lieb-li-che Kind-lein zu schaun! Chris-tus, der Herr, ist heu-te ge-bo-ren, den Gott zum Hei-land euch hat er-ko-ren. Fürch-tet euch nicht!

2. Lasset uns sehen in Bethlehems Stall,
was uns verheißen der himmlische Schall.
Was wir dort finden, lasset uns künden,
lasset uns preisen in frommen Weisen:
Halleluja!

3. Wahrlich, die Engel verkündigen heut
Bethlehems Hirtenvolk gar große Freud.
Nun soll es werden Friede auf Erden,
den Menschen allen ein Wohlgefallen:
Ehre sei Gott!

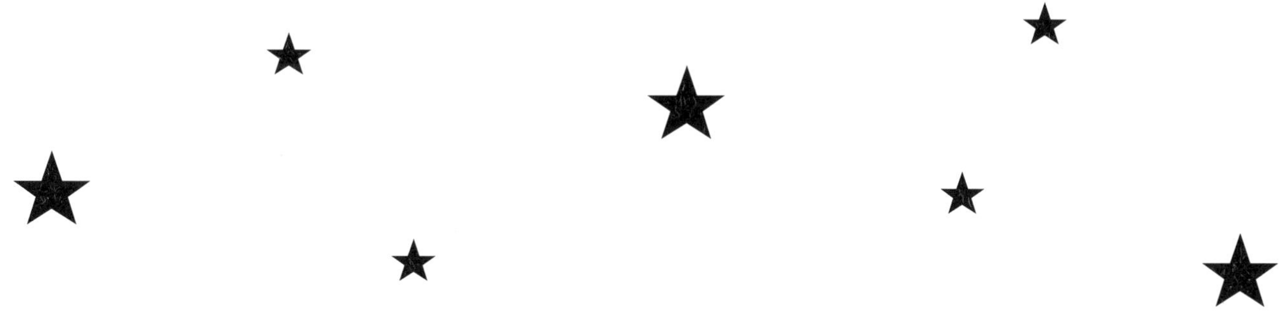

Maria durch ein' Dornwald ging

Secondo

Text und Weise: aus dem Eichsfeld
um 1600

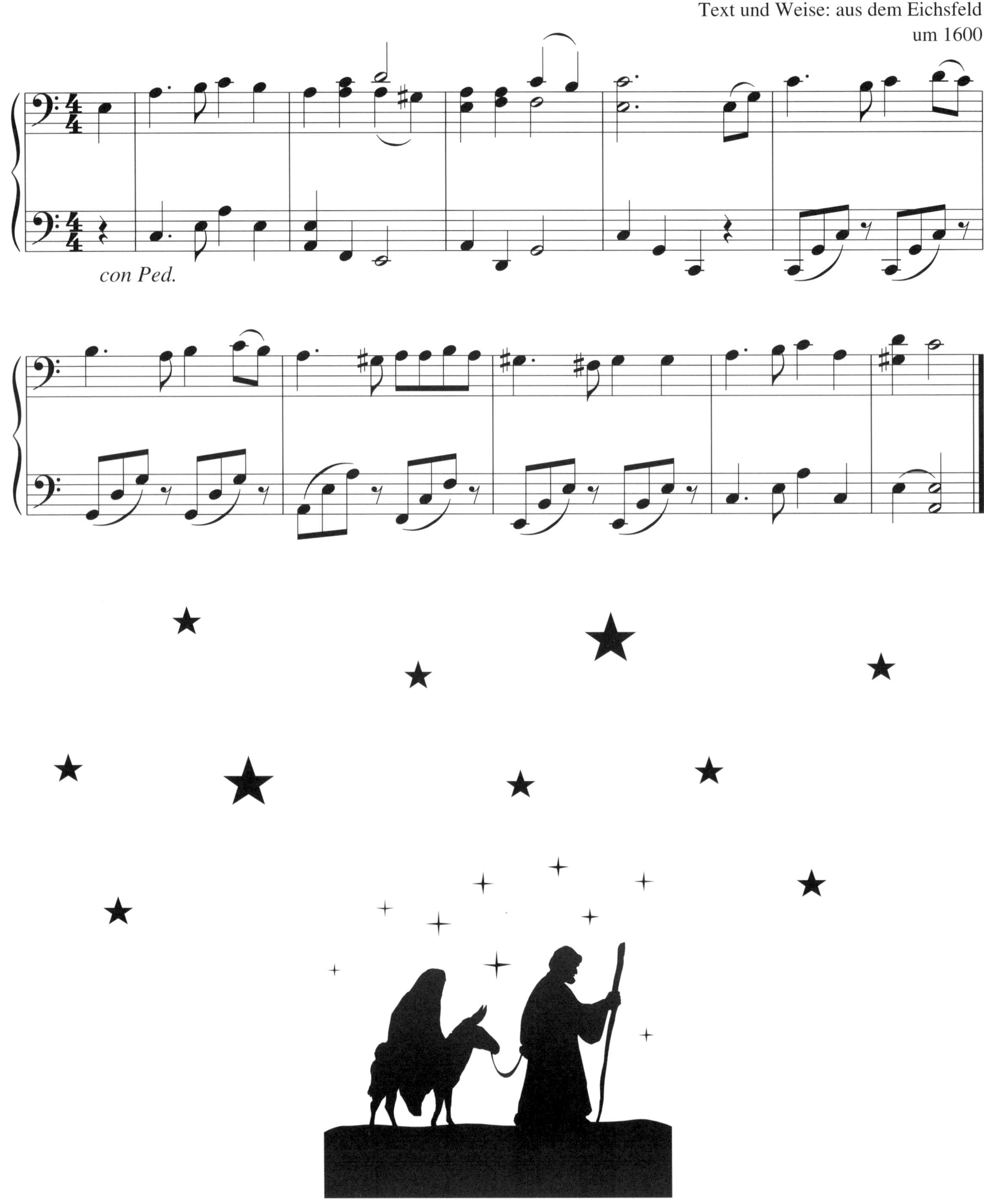

Maria durch ein' Dornwald ging

Primo

Text und Weise: aus dem Eichsfeld
um 1600

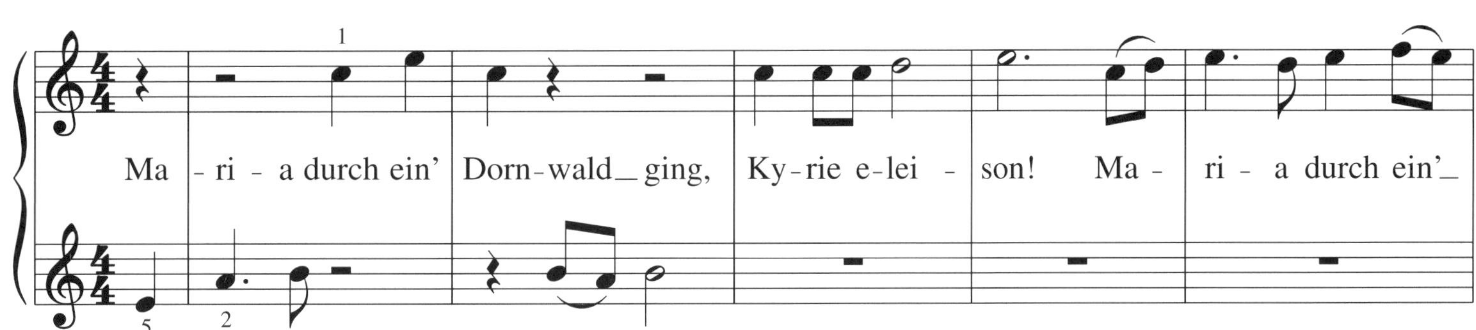

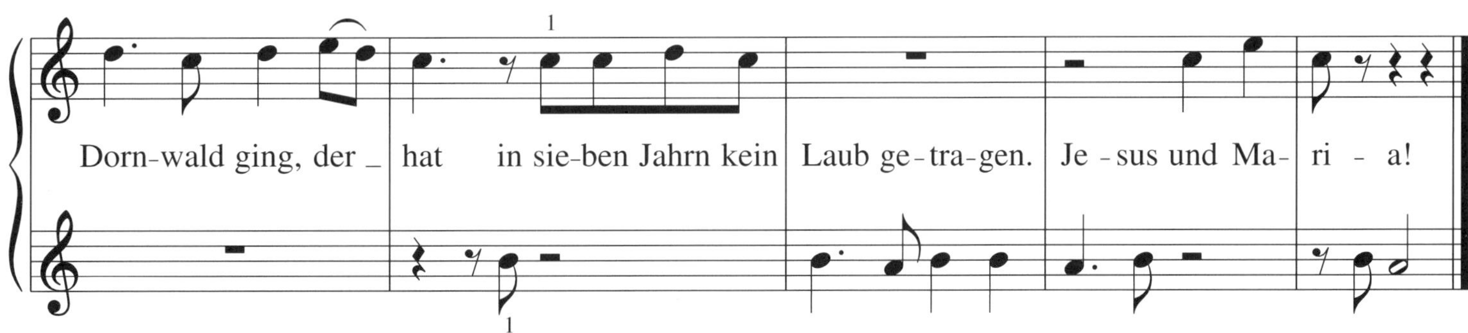

2. Was trug Maria unter ihrem Herzen?
   Kyrie eleison!
   Ein kleines Kindlein ohne Schmerzen,
   das trug Maria unter ihrem Herzen.
   Jesus und Maria!

3. Da hab'n die Dornen Rosen getragen.
   Kyrie eleison!
   Als das Kindlein durch den Wald getragen,
   da haben die Dornen Rosen getragen.
   Jesus und Maria!

4. Wie soll dem Kind sein Name sein?
   Kyrie eleison!
   Der Name, der soll Christus sein,
   das war von Anfang der Name sein!
   Jesus und Maria!

Still, still, still, weil's Kindlein schlafen will

Secondo

aus Salzburg 1865

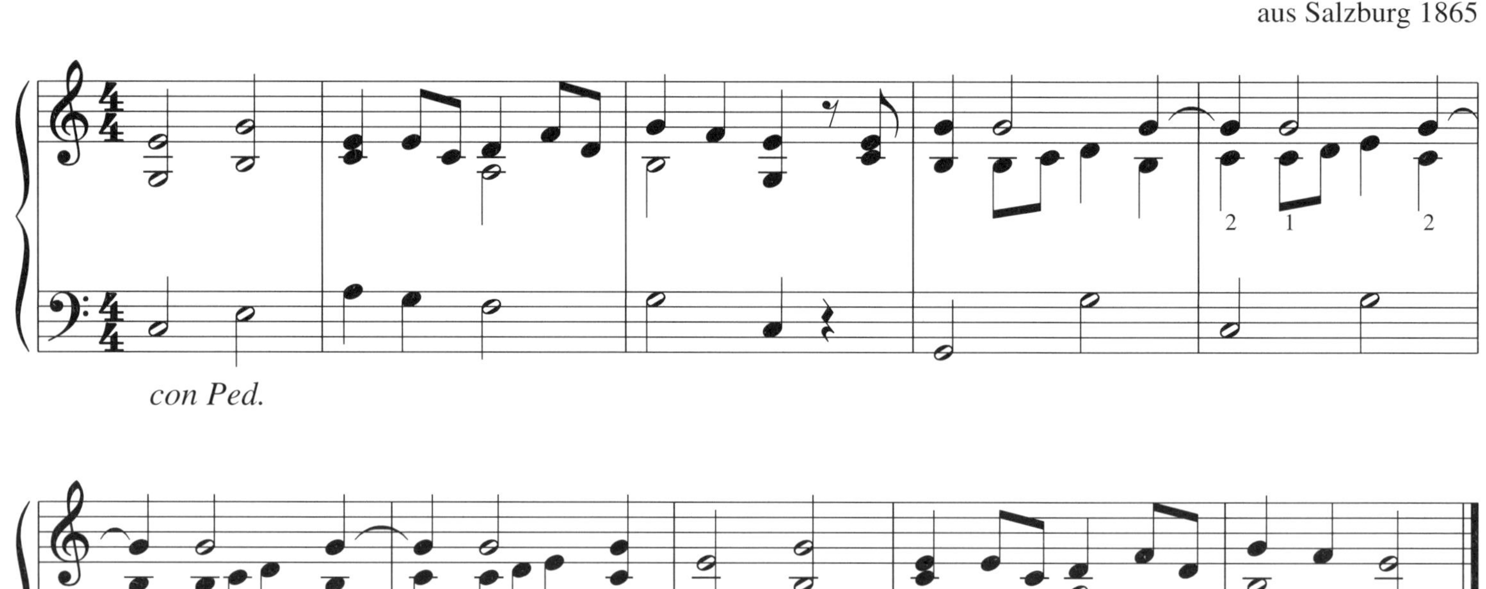

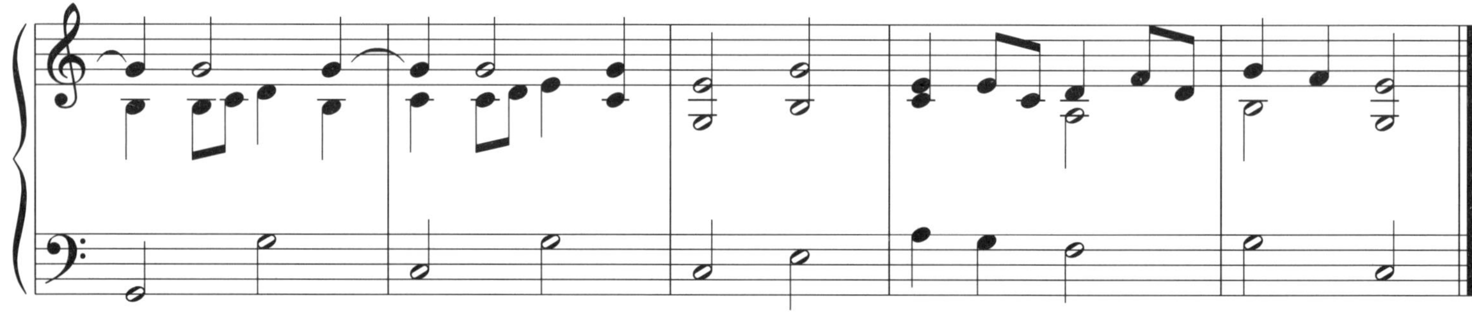

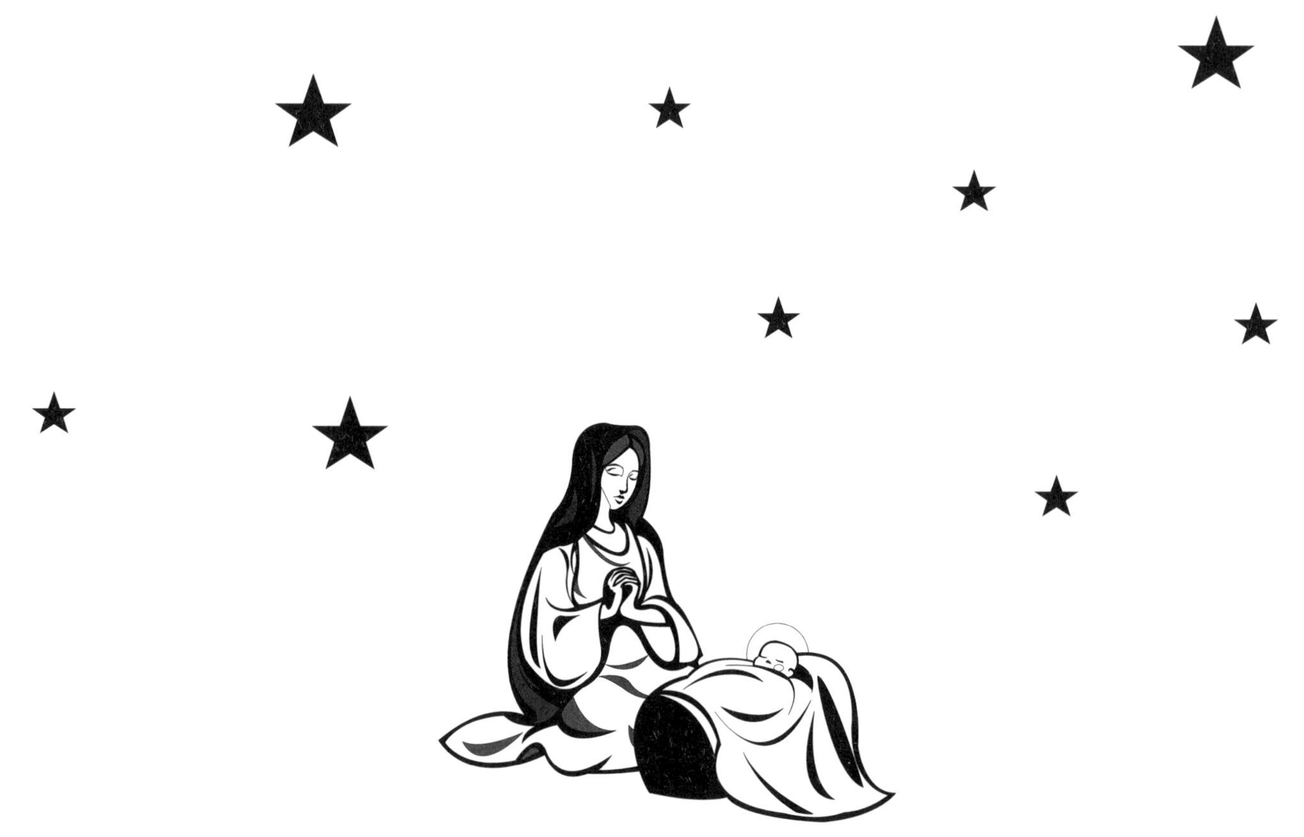

Still, still, still, weil's Kindlein schlafen will

Primo

aus Salzburg 1865

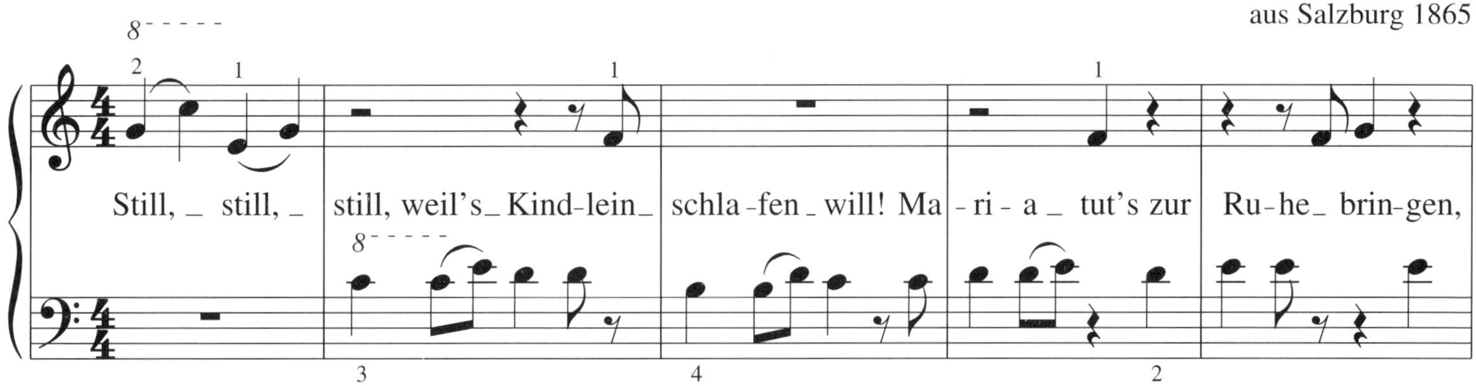

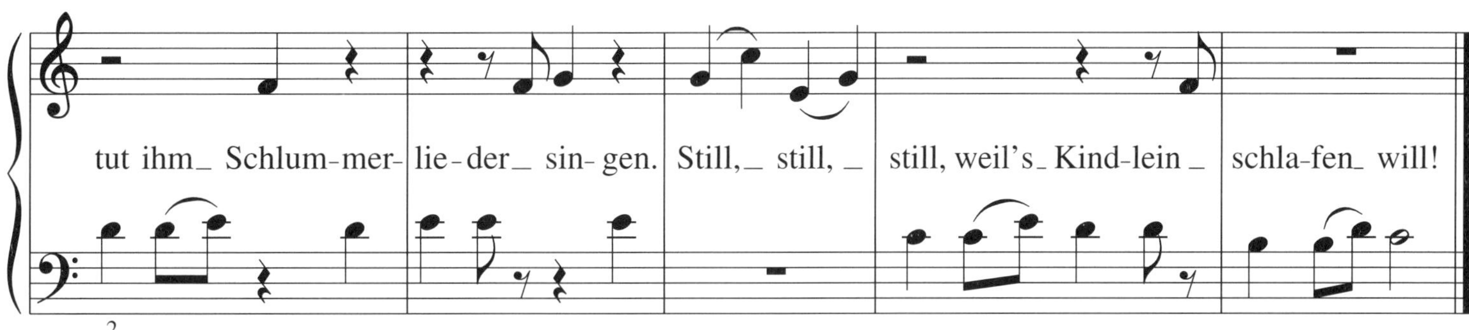

2. Schlaf, schlaf, schlaf, mein liebes Kindlein, schlaf!
Die Engel tun schön musizieren,
bei dem Kindlein jubilieren.
Schlaf, schlaf, schlaf, mein liebes Kindlein, schlaf!

3. Groß, groß, groß, die Lieb ist übergroß!
Gott hat den Himmelsthron verlassen
und muss reisen auf der Straßen.
Groß, groß, groß, die Lieb ist übergroß!

4. Auf, auf, auf, ihr Adamskinder, auf!
Fallet Jesum all zu Füßen,
weil er für uns d'Sünd tut büßen.
Auf, auf, auf, ihr Adamskinder, auf!

5. Wir, wir, wir, wir rufen all zu dir:
Tu uns des Himmels Reich aufschließen,
wenn wir einmal sterben müssen.
Wir, wir, wir, wir rufen all zu dir!

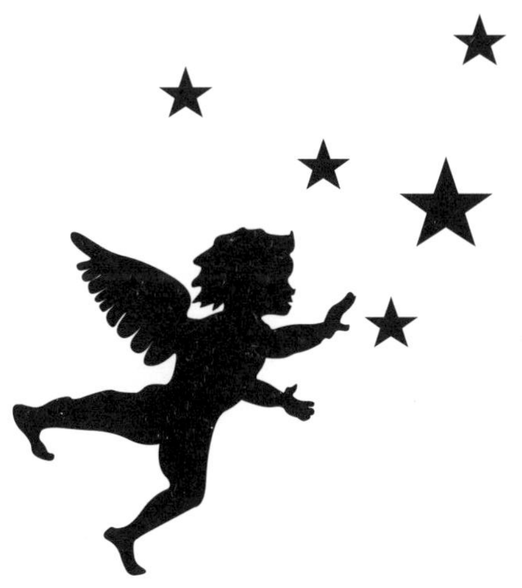

Es ist ein Ros' entsprungen

Secondo

Text und Weise:
16. Jahrhundert

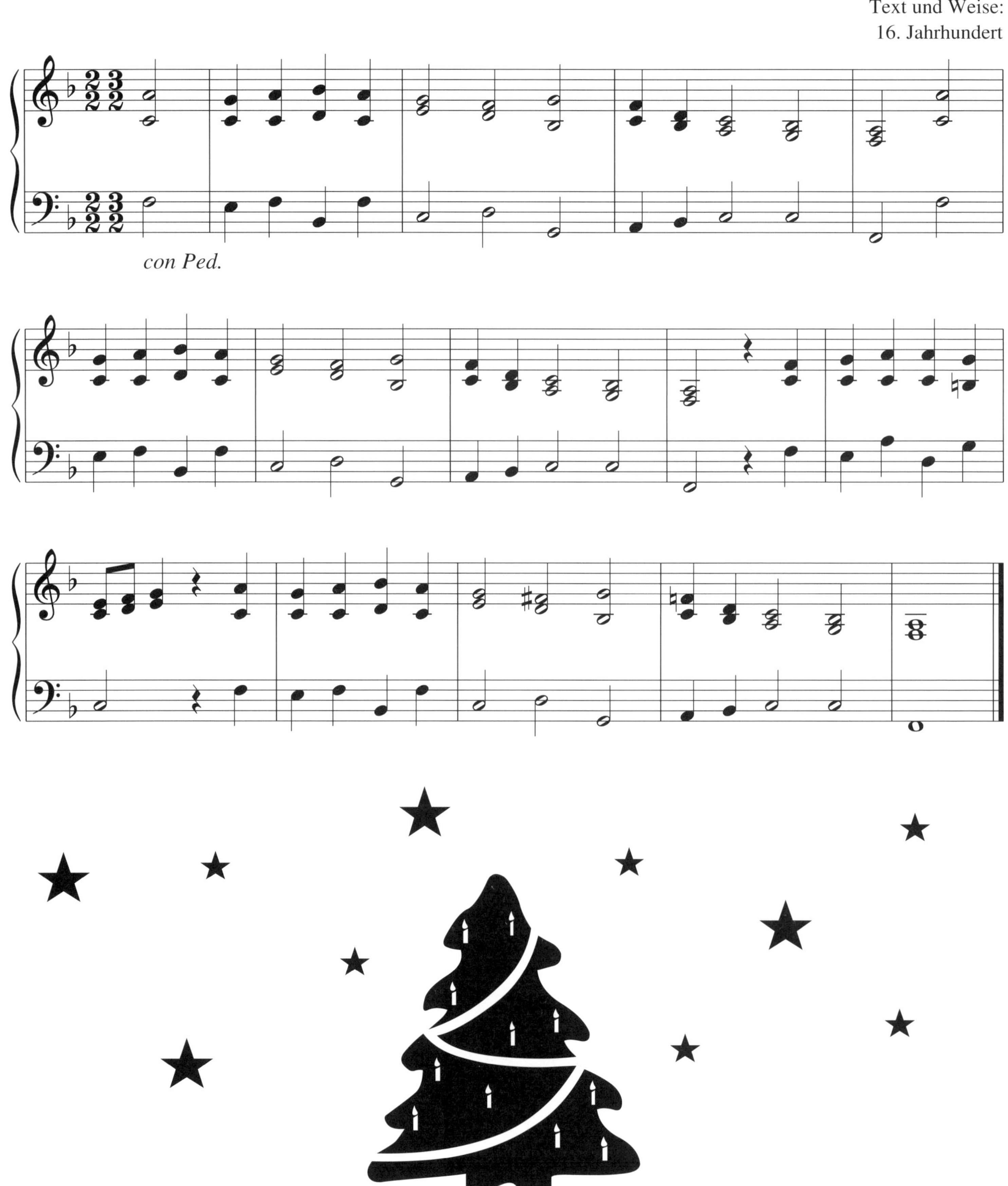

Es ist ein Ros' entsprungen

Primo

Text und Weise:
16. Jahrhundert

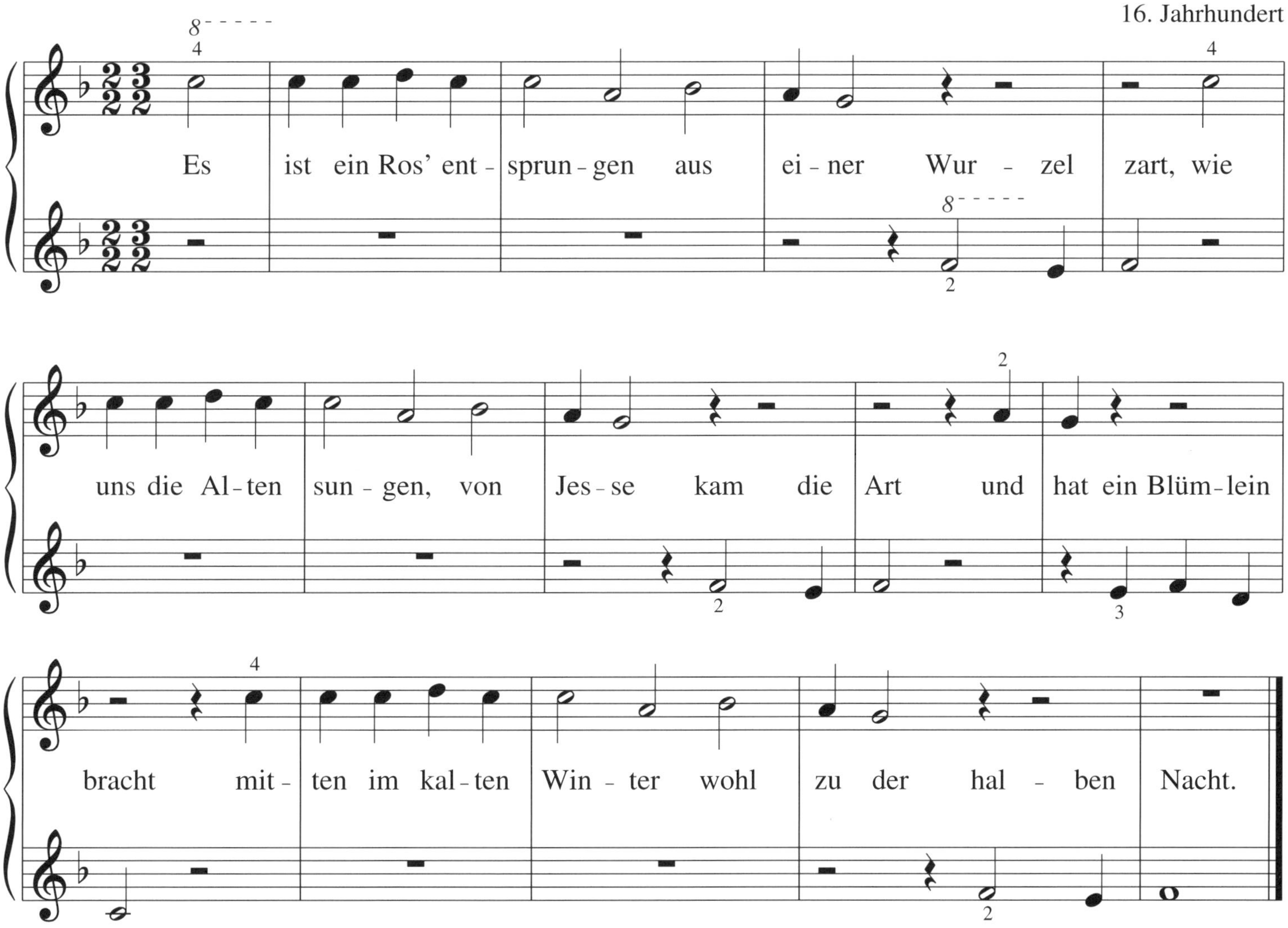

Es ist ein Ros' ent - sprun - gen aus ei - ner Wur - zel zart, wie uns die Al - ten sun - gen, von Jes - se kam die Art und hat ein Blüm - lein bracht mit - ten im kal - ten Win - ter wohl zu der hal - ben Nacht.

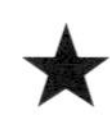

2. Das Röslein, das ich meine,
davon Jesaja sagt,
hat uns gebracht alleine
Marie, die reine Magd;
aus Gottes ew'gem Rat
hat sie ein Kind geboren
wohl zu der halben Nacht.

3. Das Blümelein so kleine,
das duftet uns so süß;
mit seinem hellen Scheine
vertreibt's die Finsternis.
Wahr' Mensch und wahrer Gott,
hilft uns aus allem Leide,
rettet von Sünd und Tod.

4. So singen wir all Amen,
das heißt: Nun wird es wahr,
das wir begehrn allsammen:
O Jesu, hilf uns dar
in deines Vaters Reich!
Darin wolln wir dich loben:
O Gott, uns das verleih!

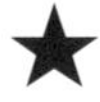

Adeste, fideles (Herbei, o ihr Gläubigen)

Secondo

lat. Text: John Francis Wade
dt. Text: Fr. Heinrich Ranke
Weise: John Reading

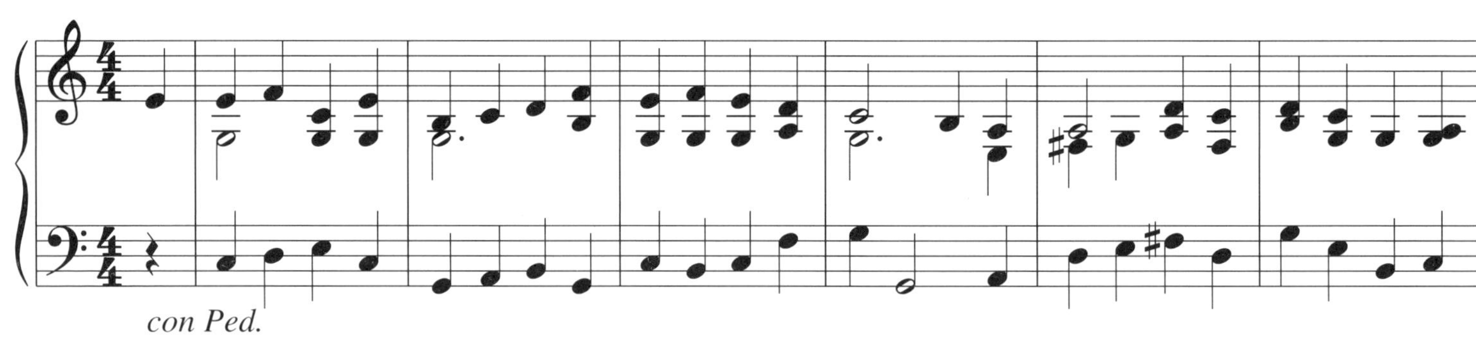

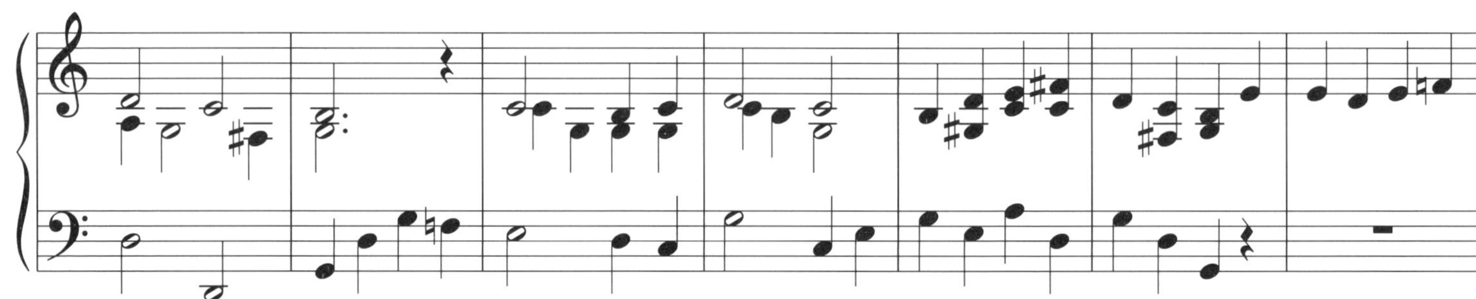

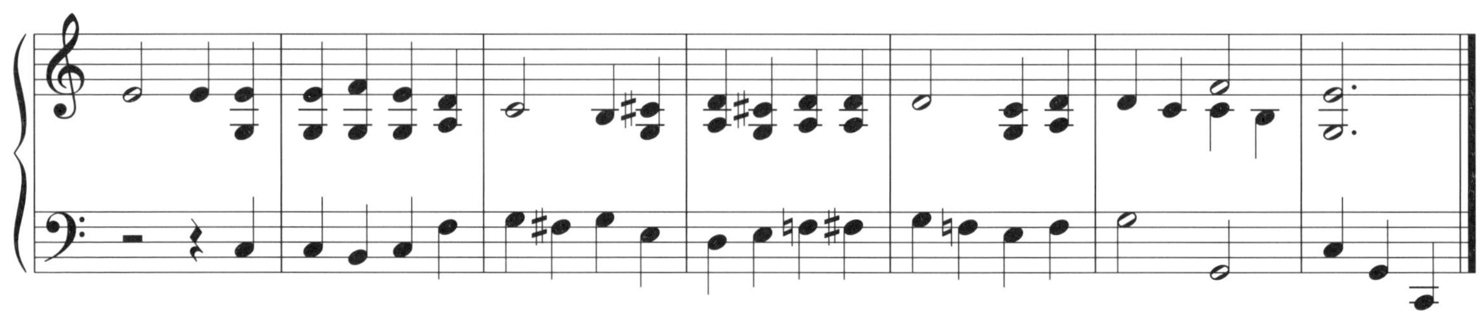

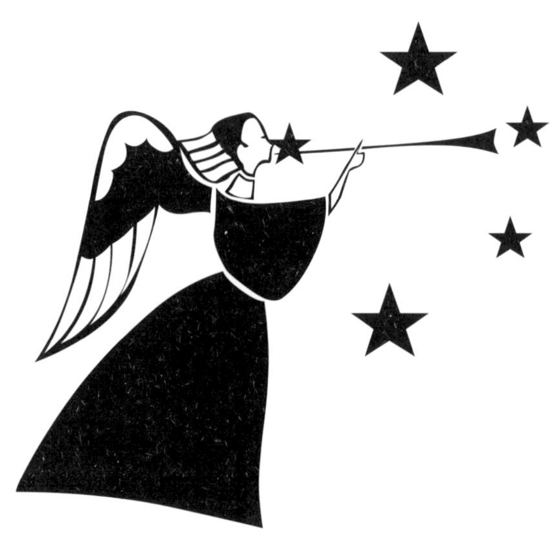

Adeste, fideles (Herbei, o ihr Gläubigen)

Primo

lat. Text: John Francis Wade
dt. Text: Fr. Heinrich Ranke
Weise: John Reading

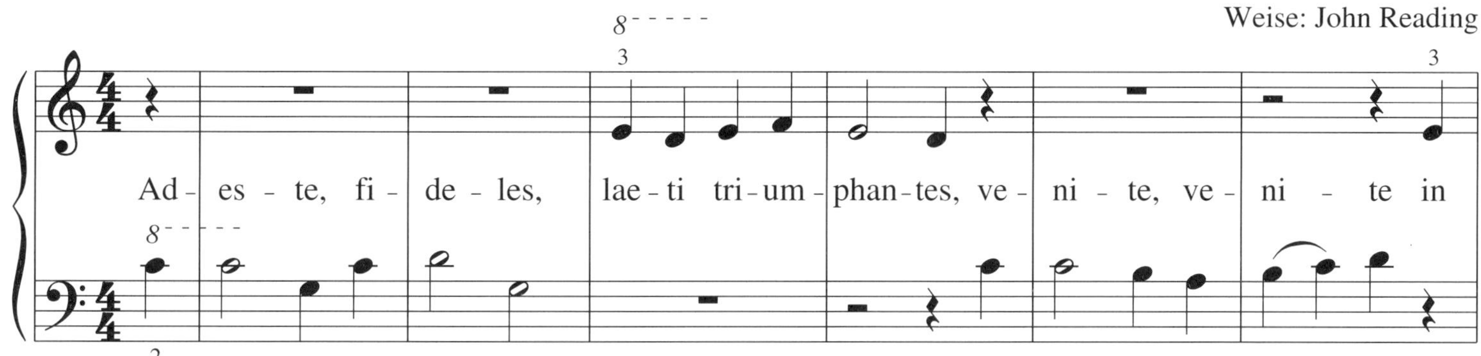

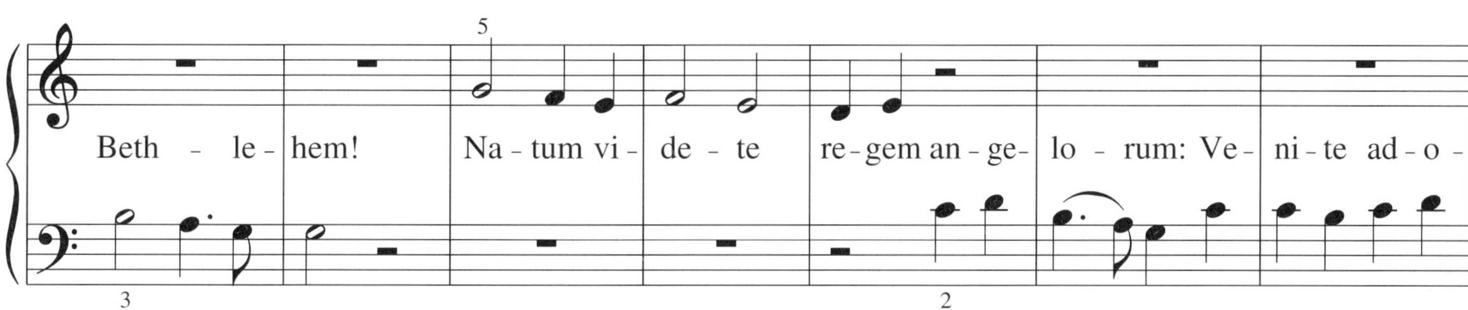

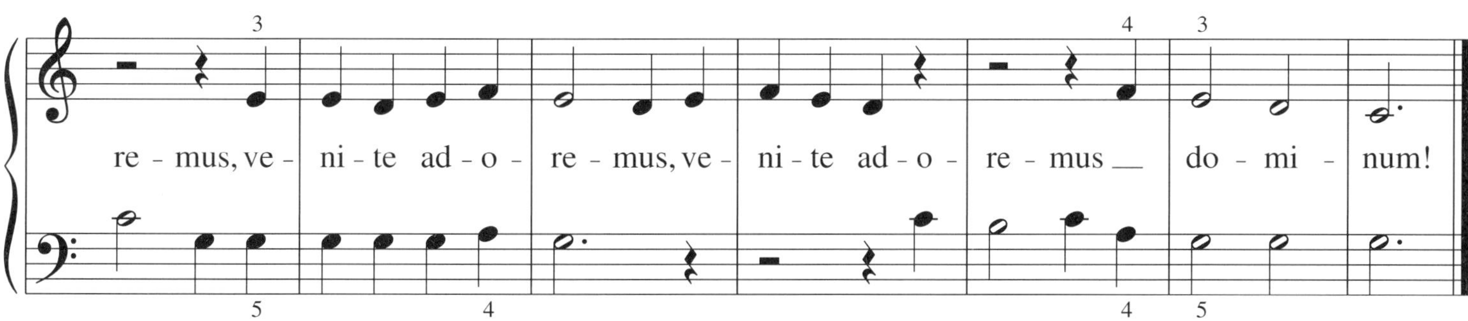

2. Herbei, o ihr Gläubigen,
fröhlich triumphierend,
o kommet, o kommet nach Bethlehem!
Sehet das Kindlein, uns zum Heil geboren!
O lasset uns anbeten, o lasset uns anbeten,
o lasset uns anbeten den König!

3. Du König der Ehren,
Herrscher der Heerscharen,
verschmähst nicht zu ruhen in Mariens Schoß.
Gott, wahrer Gott, von Ewigkeit geboren!
O lasset uns anbeten, o lasset uns anbeten,
o lasset uns anbeten den König!

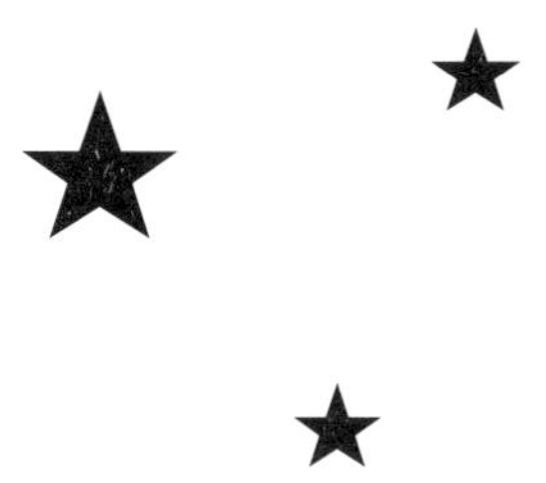

4. Kommt, singet dem Herren,
o ihr Engelchöre,
frohlocket, frohlocket, ihr Seligen:
Ehre sei Gott im Himmel und auf Erden!
O lasset uns anbeten, o lasset uns anbeten,
o lasset uns anbeten den König!

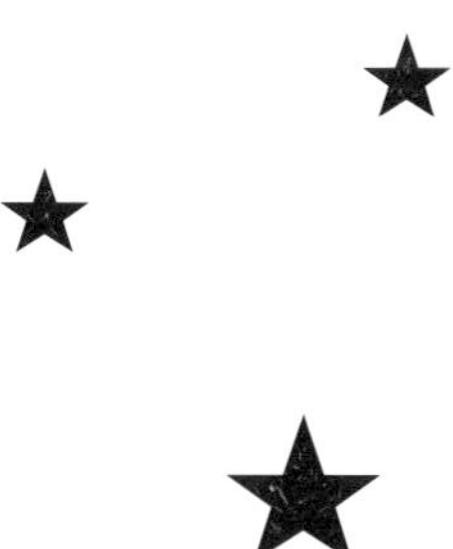

Jingle Bells
Secondo

James Pierpont

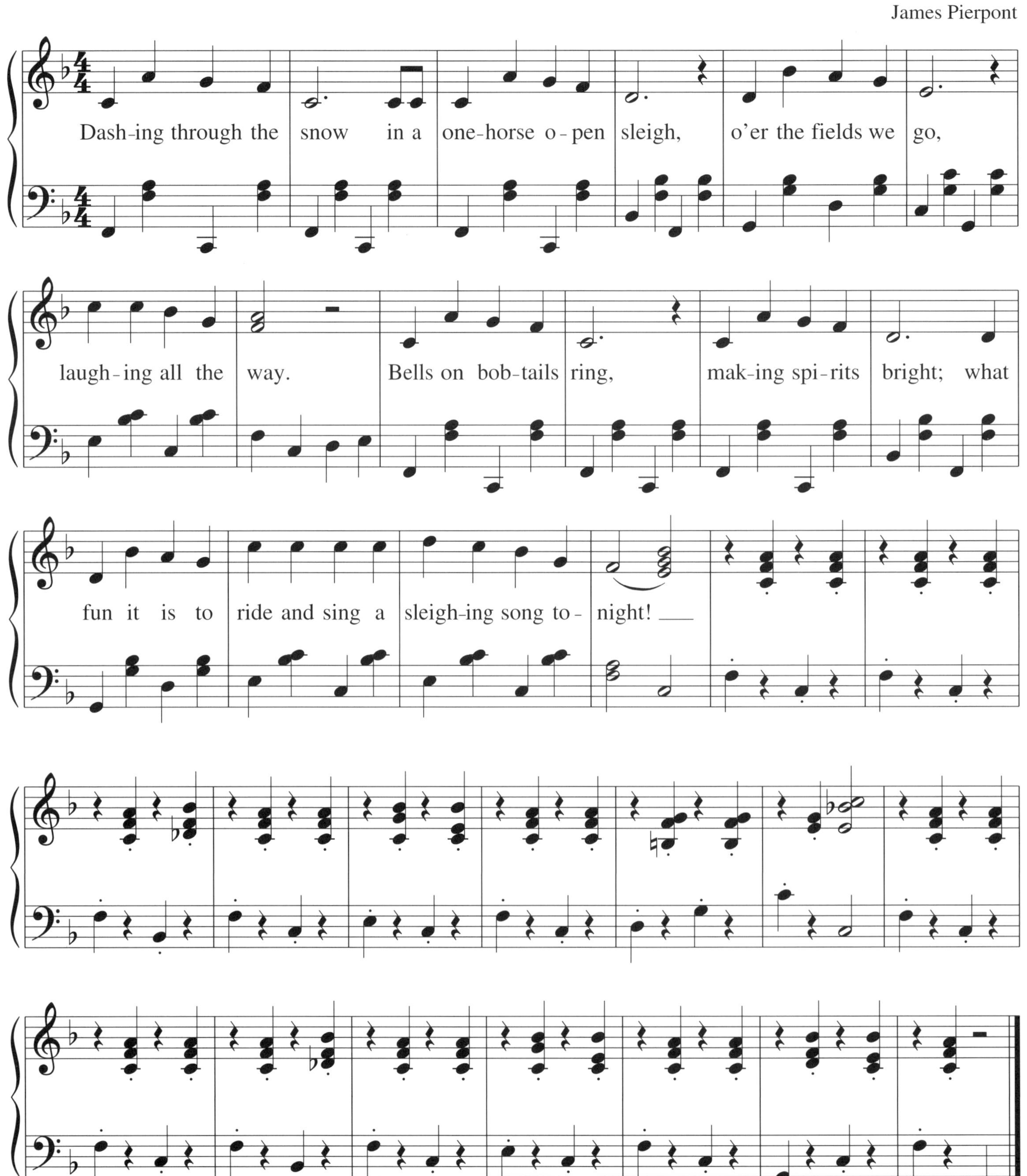

Jingle Bells

Primo

James Pierpont

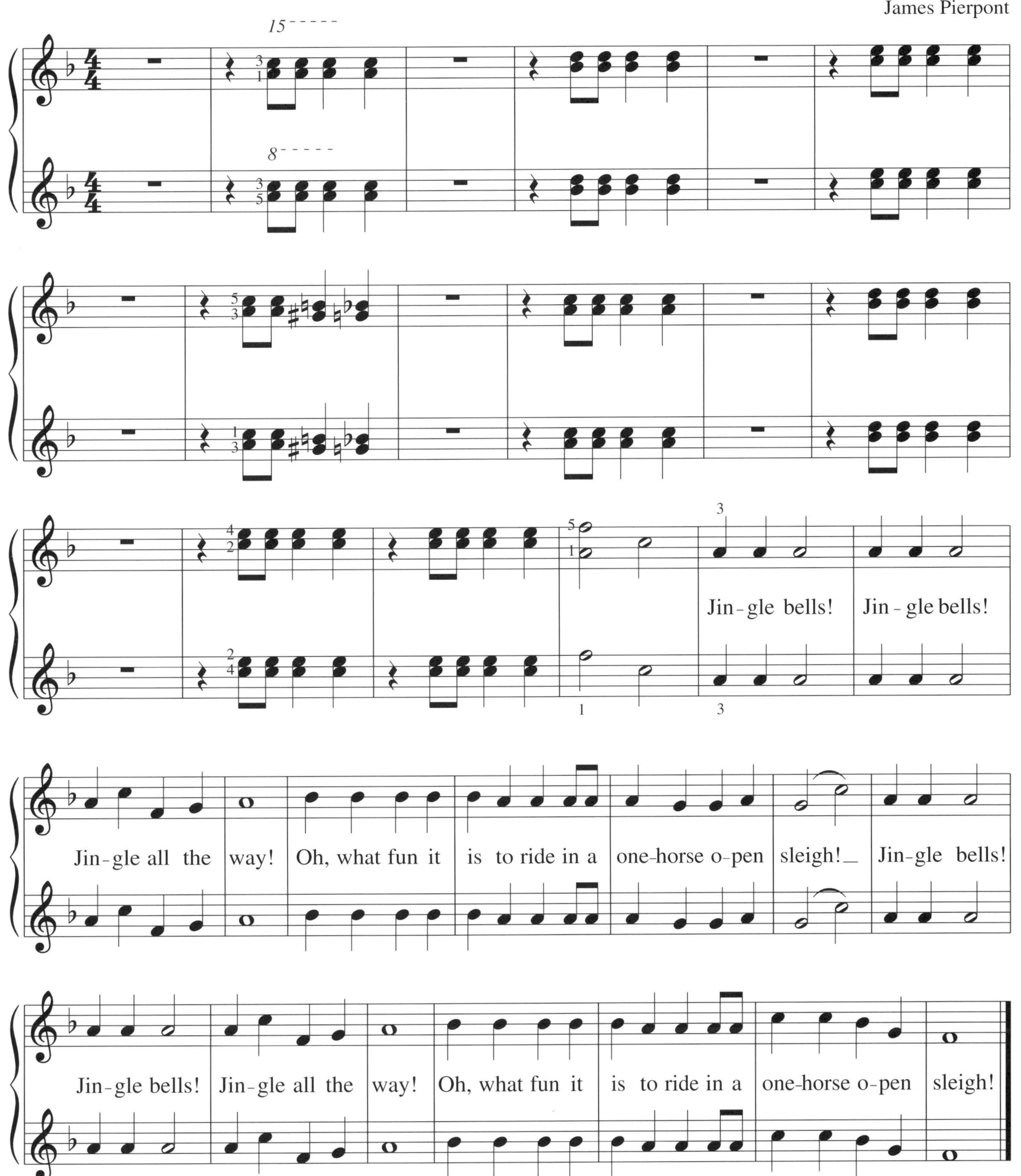

Süßer die Glocken nie klingen

Secondo

Text: Wilhelm Kritzinger
Volksweise

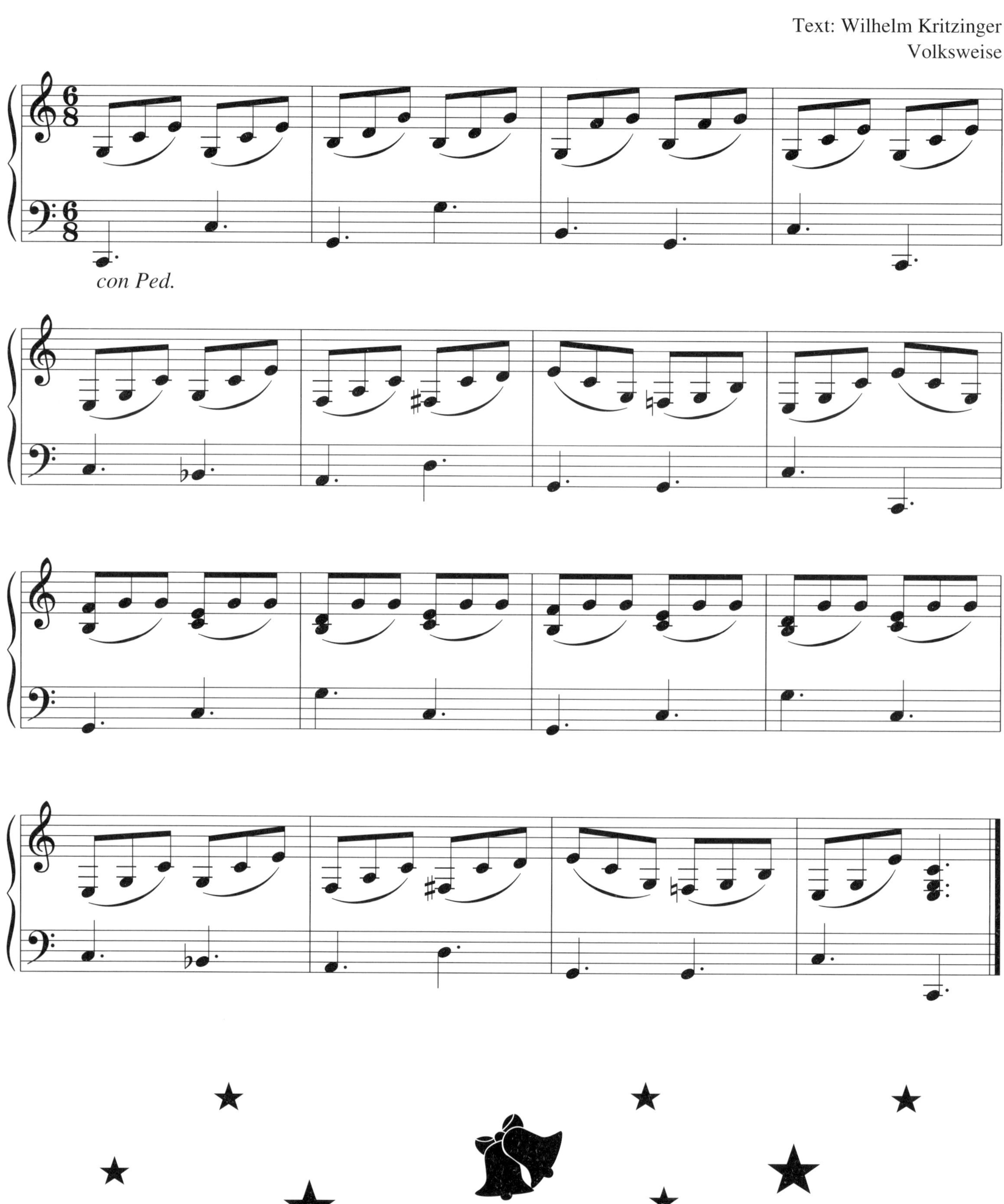

Süßer die Glocken nie klingen

Primo

Text: Wilhelm Kritzinger
Volksweise

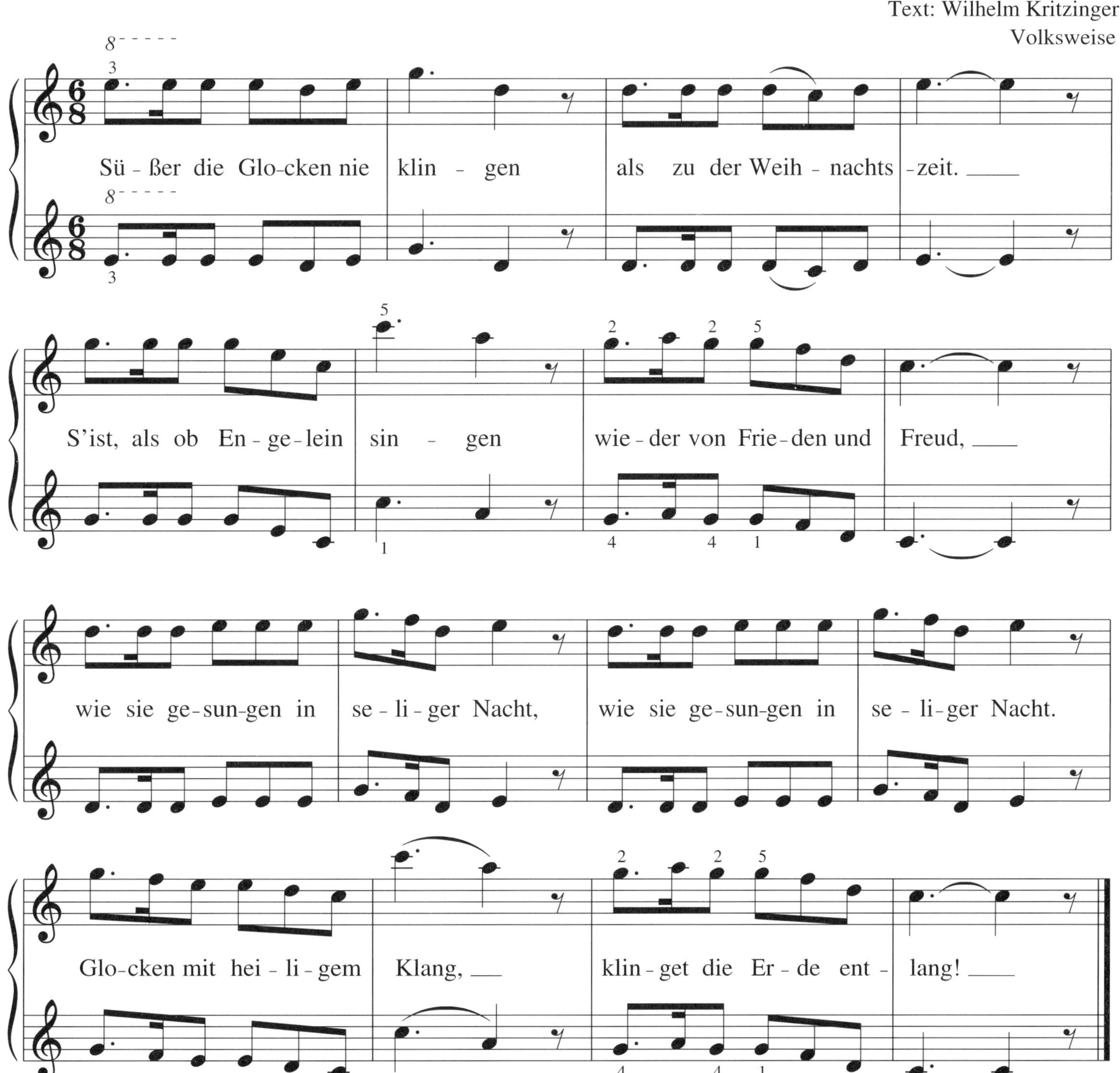

2. O, wenn die Glocken erklingen,
schnell sie das Christkindlein hört,
tut sich vom Himmel dann schwingen,
eilet hernieder zur Erd,
segnet den Vater, die Mutter, das Kind,
segnet den Vater, die Mutter, das Kind.
Glocken mit heiligem Klang,
klinget die Erde entlang!

3. Klinget mit lieblichem Schalle
über die Meere noch weit,
dass sich erfreuen doch alle
seliger Weihnachtszeit.
Alle aufjauchzen mit herrlichem Sang,
alle aufjauchzen mit herrlichem Sang:
Glocken mit heiligem Klang,
klinget die Erde entlang!

Nun komm, der Heiden Heiland

Secondo

Text und Weise:
Martin Luther

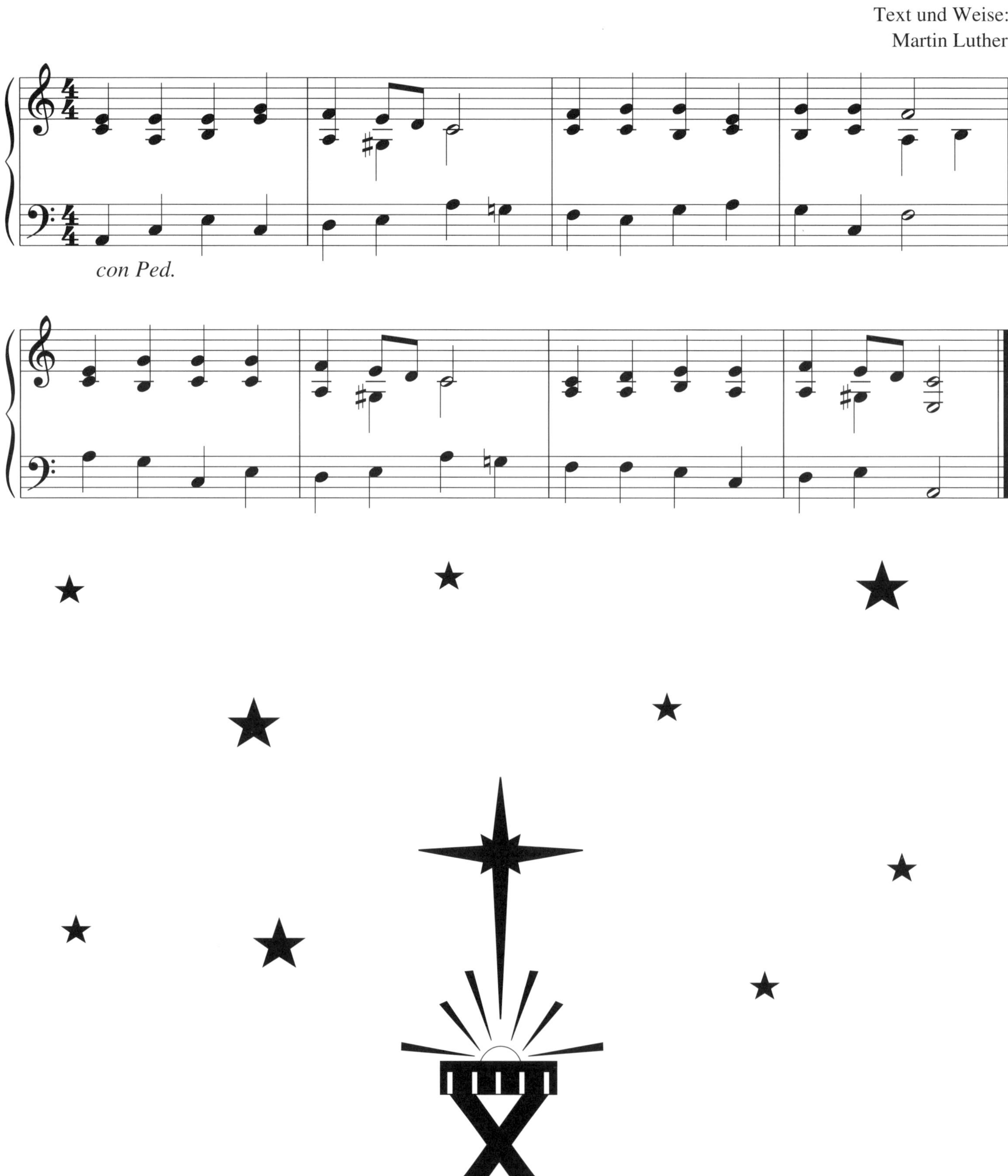

Nun komm, der Heiden Heiland

Primo

Text und Weise:
Martin Luther

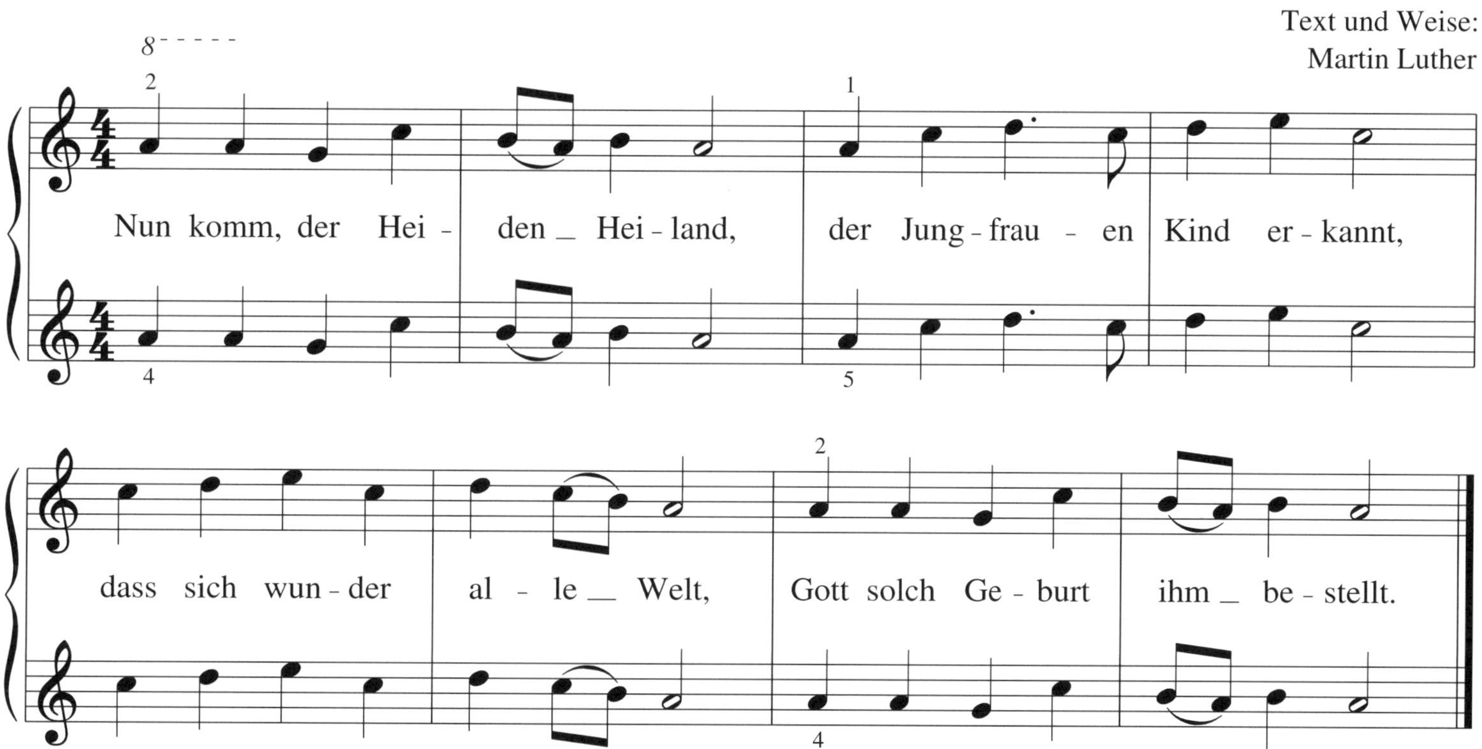

2. Er ging aus der Kammer sein,
dem königlichen Saal so rein,
Gott von Art und Mensch, ein Held;
sein' Weg er zu laufen eilt.

3. Sein Lauf kam vom Vater her
und kehrt wieder zum Vater,
fuhr hinunter zu der Höll
und wieder zu Gottes Stuhl.

4. Dein Krippen glänzt hell und klar,
die Nacht gibt ein neu Licht dar.
Dunkel muss nicht kommen drein,
der Glaub bleibt immer im Schein.

5. Lob sei Gott dem Vater g'tan;
Lob sei Gott sei'm ein'gen Sohn,
Lob sei Gott dem Heil'gen Geist
immer und in Ewigkeit.

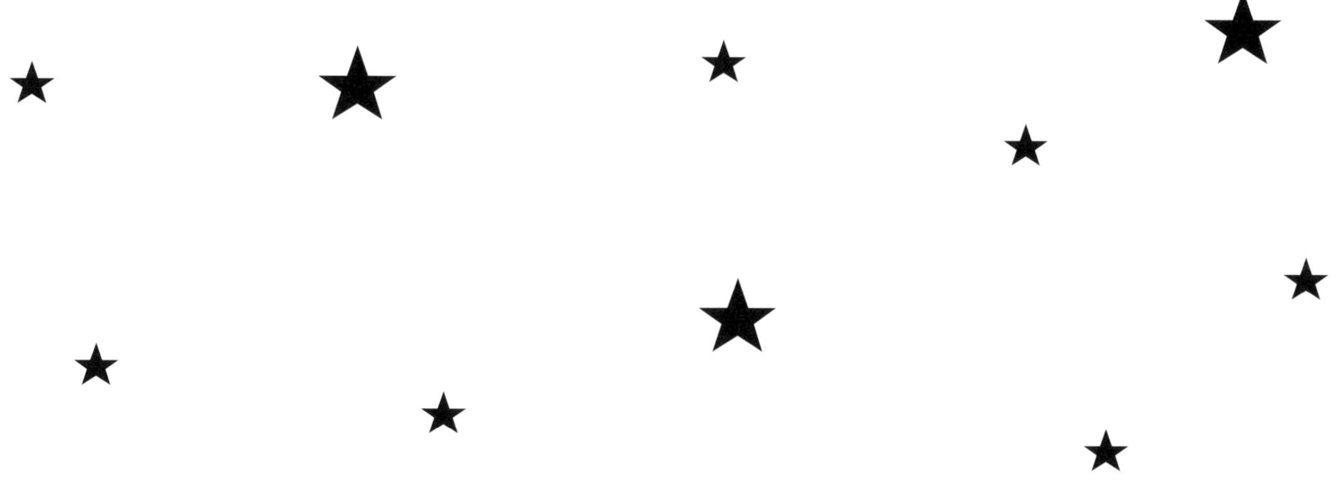

Lobt Gott, ihr Christen, alle gleich

Secondo

Text und Weise:
Nicolaus Herman

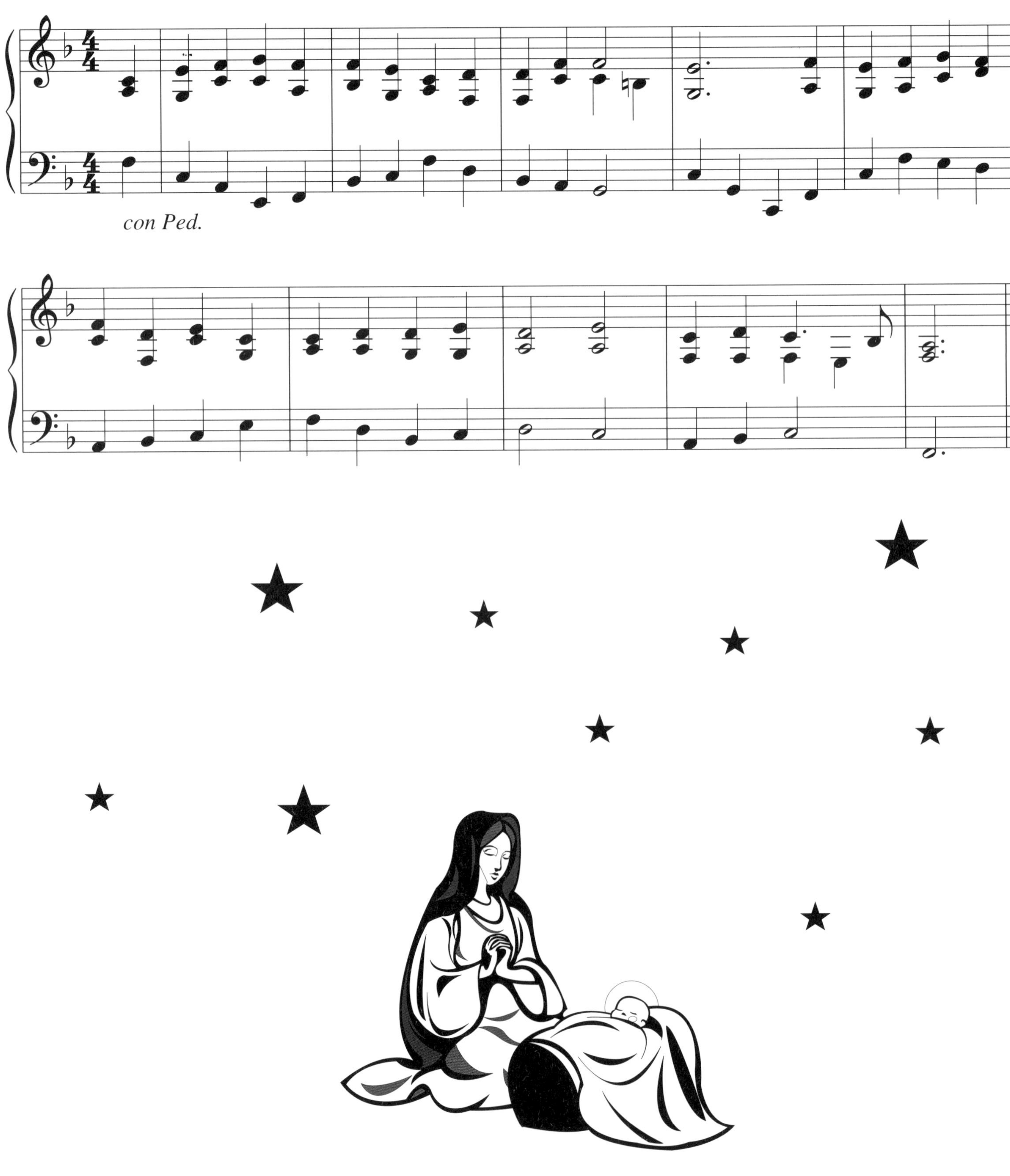

Lobt Gott, ihr Christen, alle gleich

Primo

Text und Weise:
Nicolaus Herman

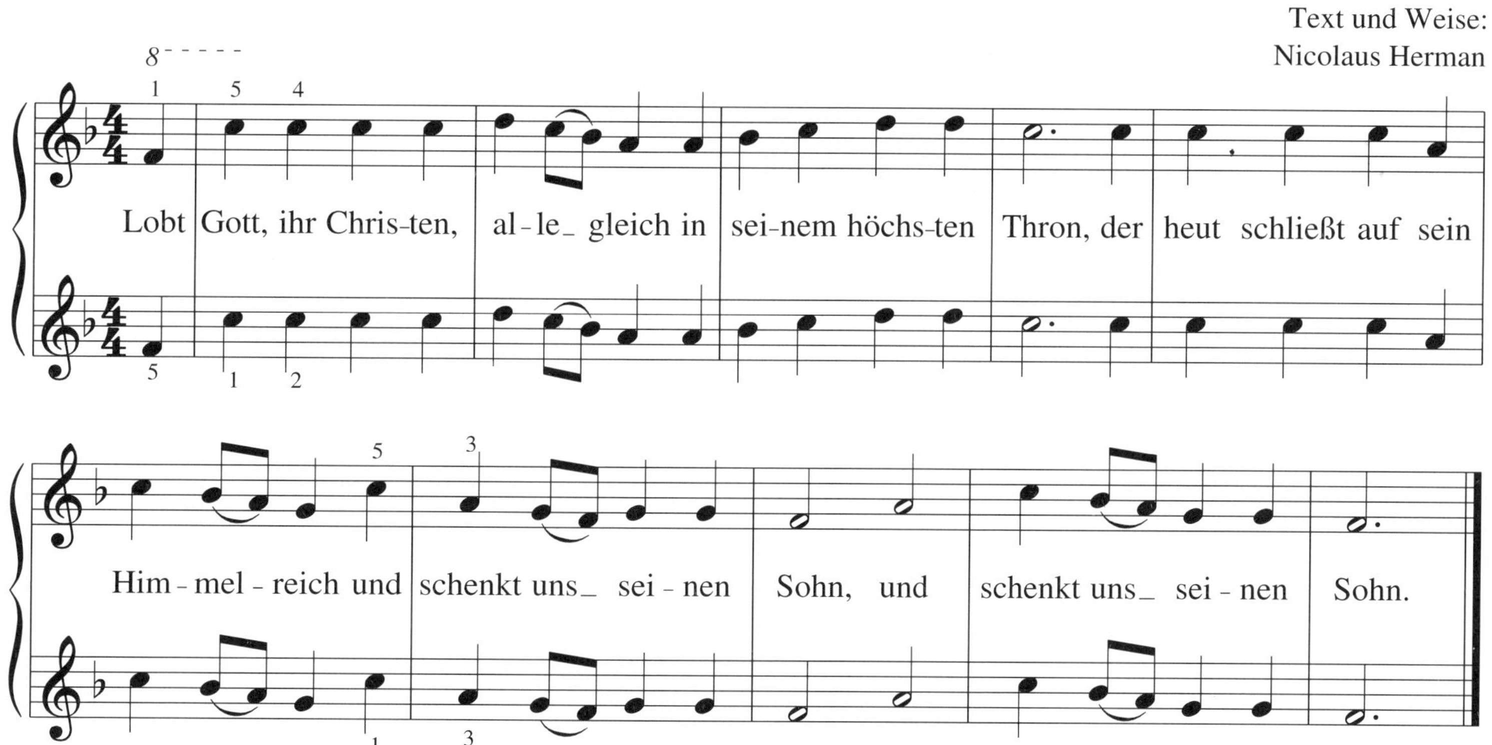

2. Er kommt aus seines Vaters Schoß
und wird ein Kindlein klein,
er liegt dort elend, nackt und bloß
in einem Krippelein,
in einem Krippelein.

3. Er äußert sich all seiner G'walt,
wird niedrig und gering
und nimmt an eines Knechts Gestalt,
der Schöpfer aller Ding,
der Schöpfer aller Ding.

4. Er wird ein Knecht und ich ein Herr;
das mag ein Wechsel sein!
Wie könnt es doch sein freundlicher,
das herze Jesulein,
das herze Jesulein!

5. Heut schließt er wieder auf die Tür
zum schönen Paradeis;
der Cherub steht nicht mehr dafür,
Gott sei Lob, Ehr und Preis,
Gott sei Lob, Ehr und Preis!

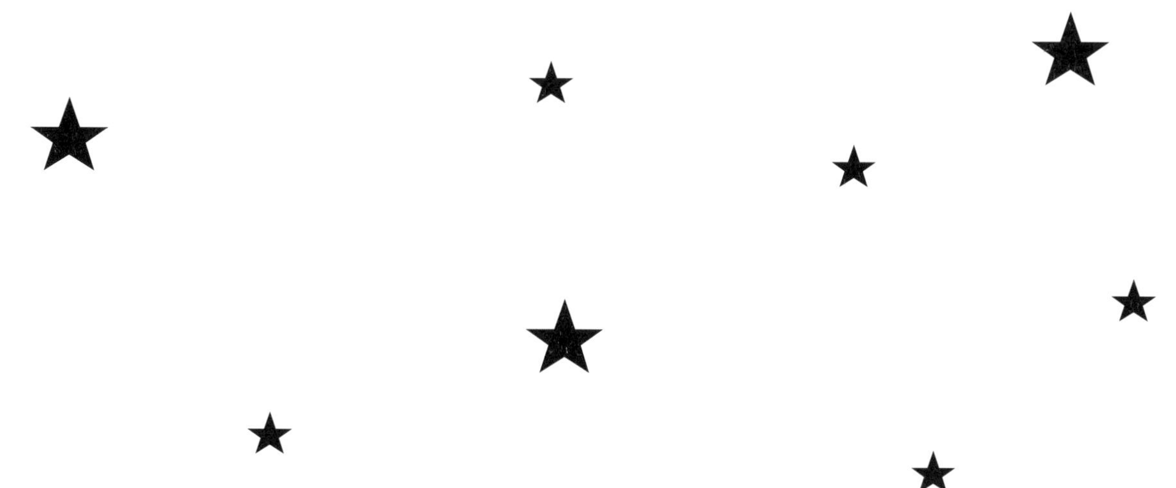

Das Weihnachtsglöckchen

Secondo

Text und Weise:
Anne Terzibaschitsch

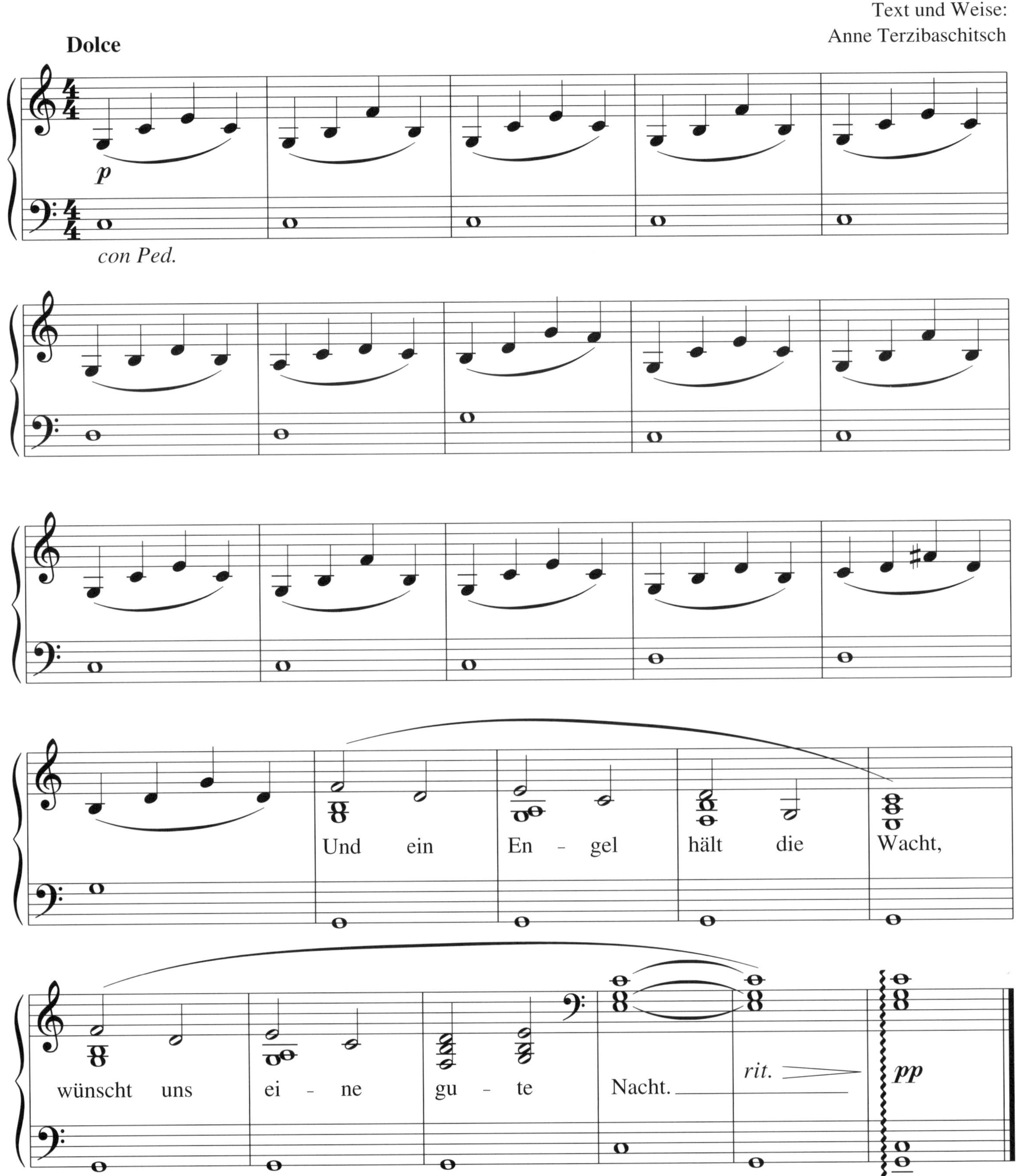

Das Weihnachtsglöckchen

Primo

Text und Weise:
Anne Terzibaschitsch

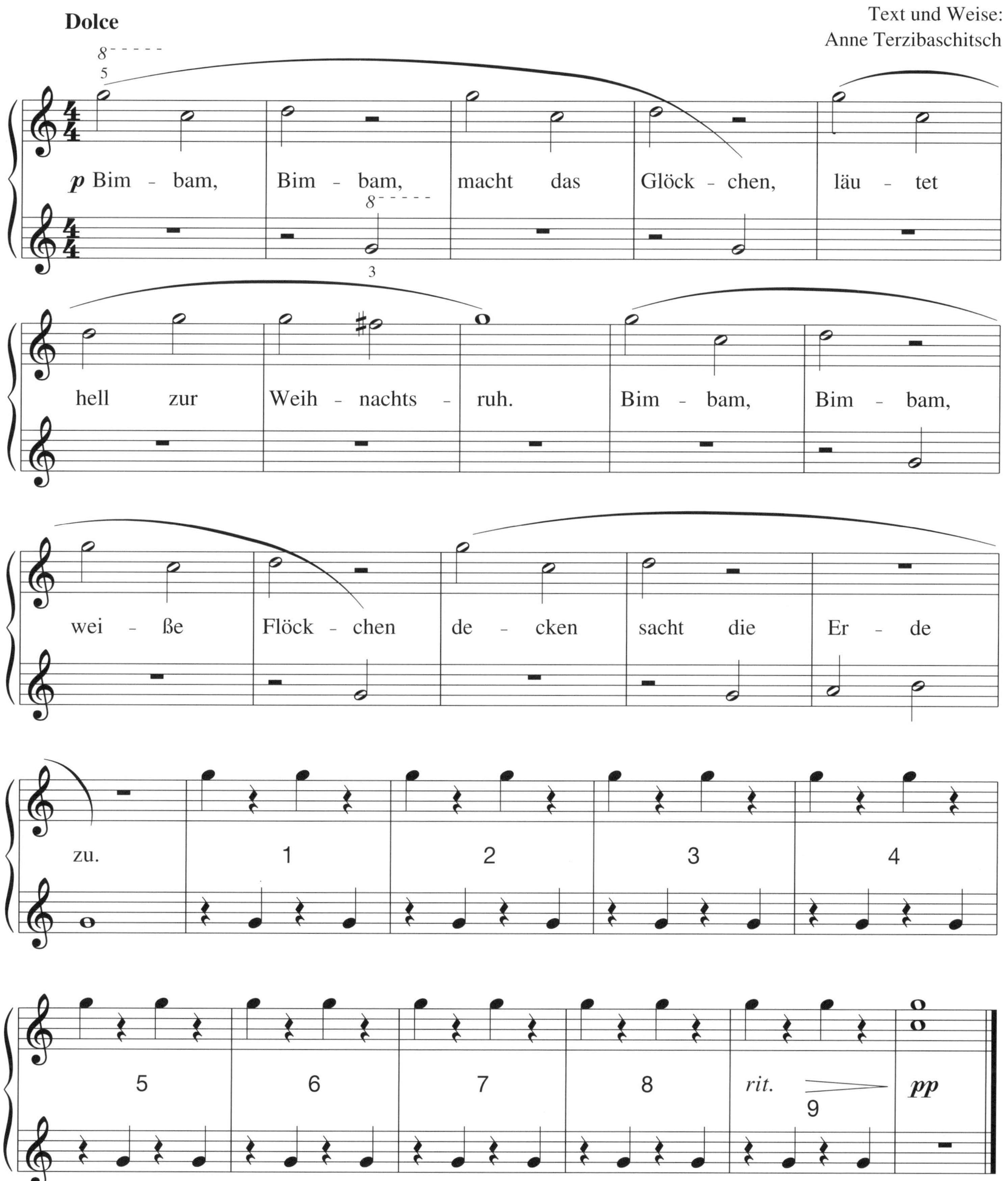

O du fröhliche

Secondo

Text: Johannes David Falk
Sizilianische Volksweise

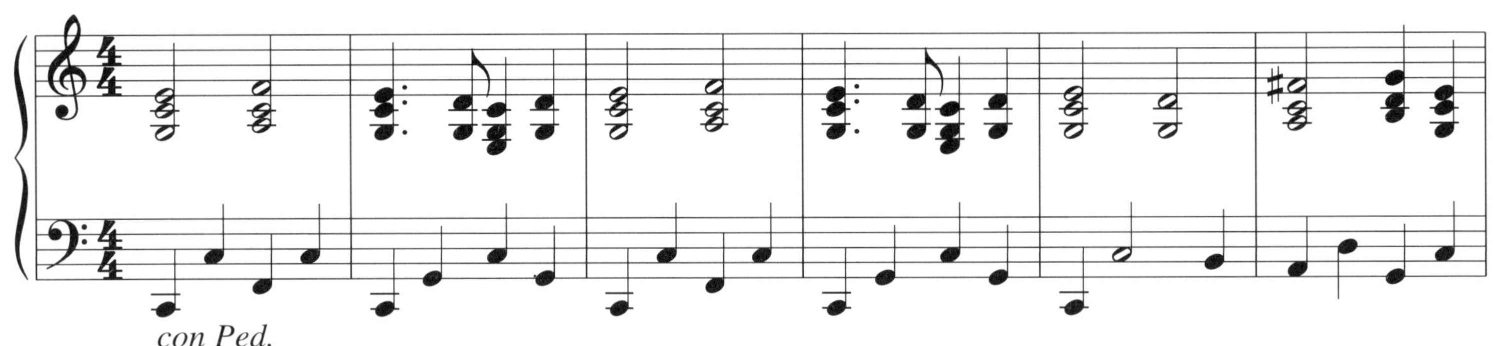

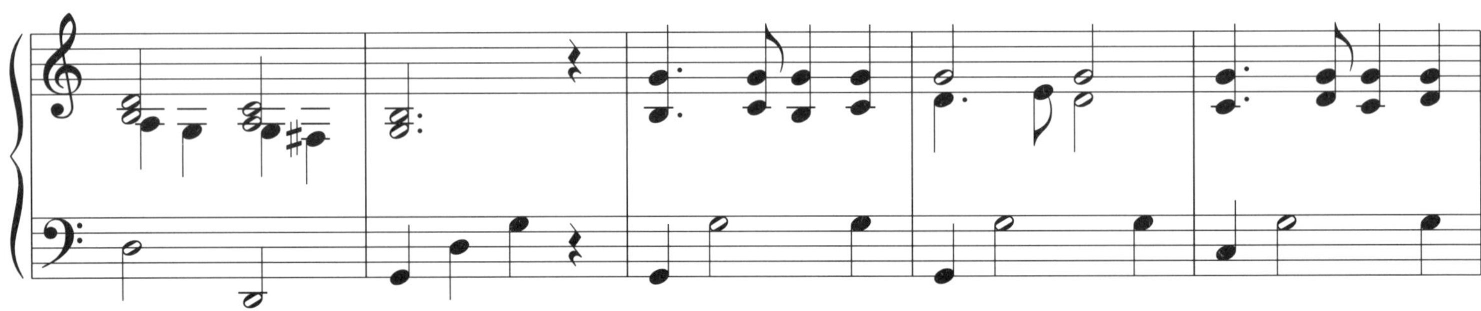

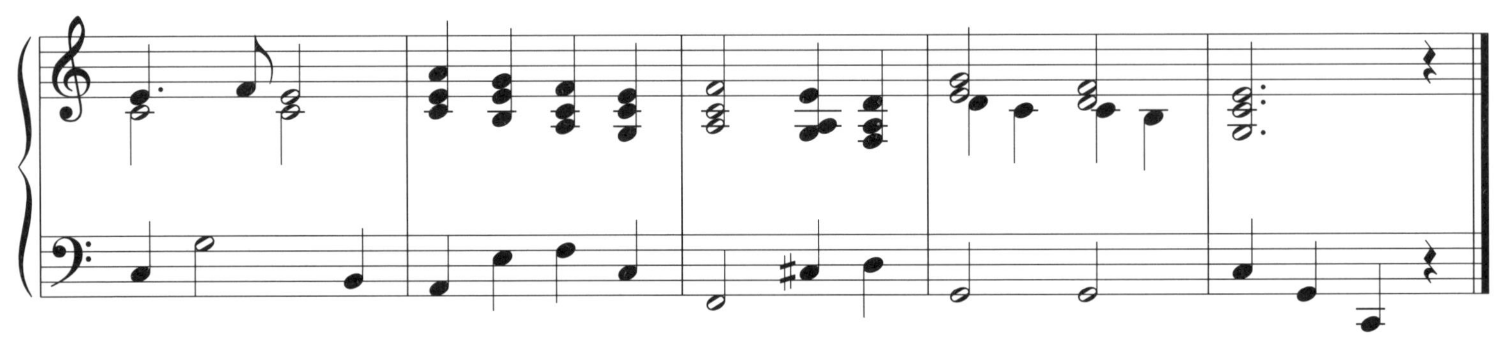

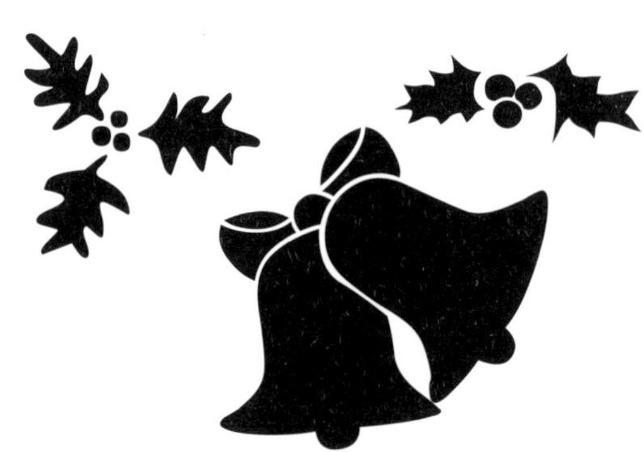

O du fröhliche

Primo

Text: Johannes David Falk
Sizilianische Volksweise

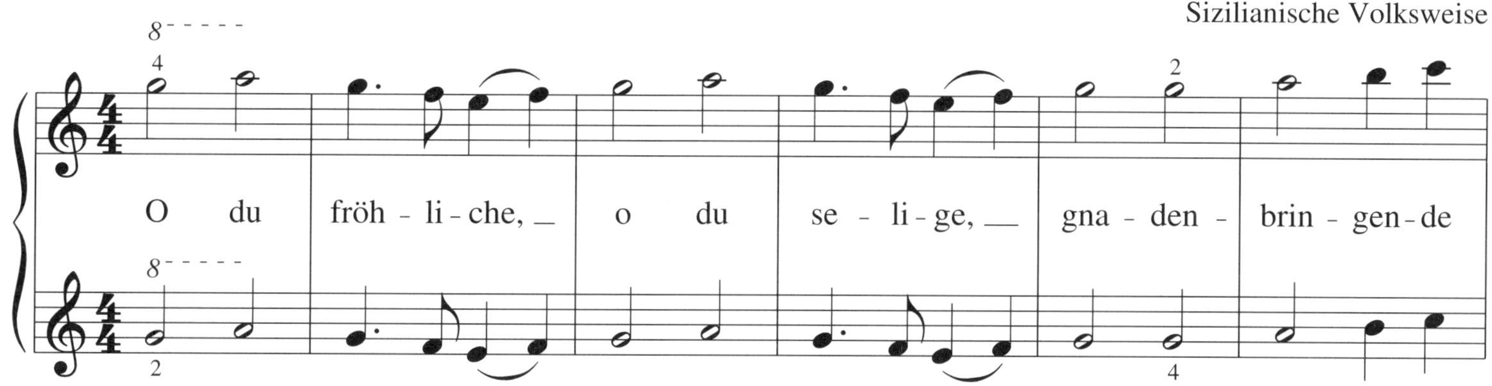

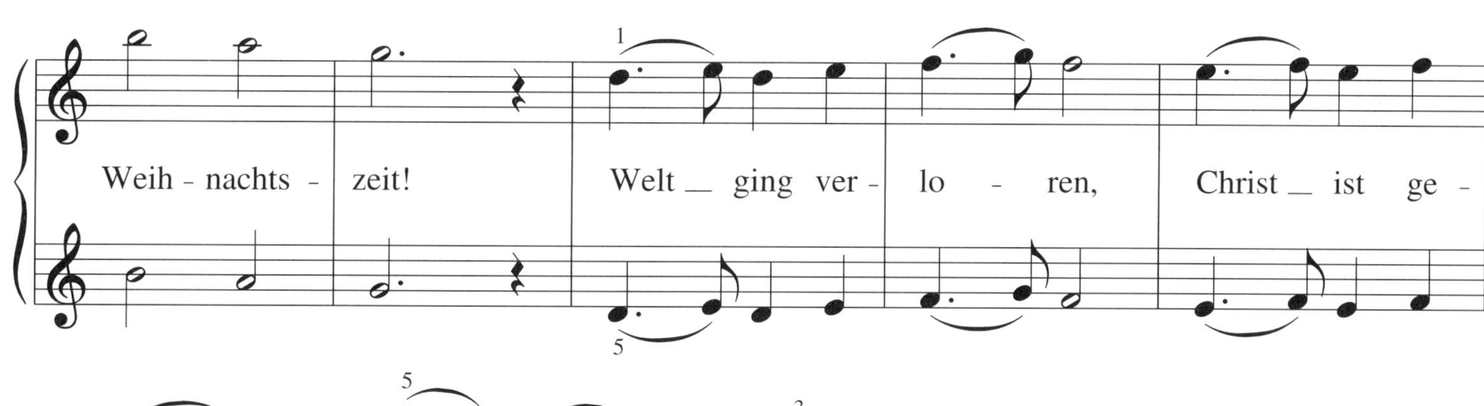

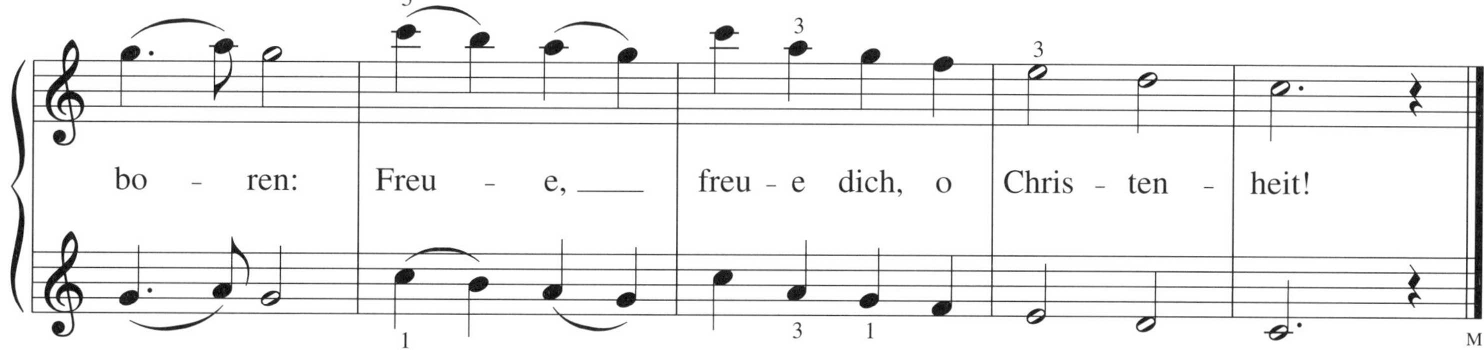

2. O du fröhliche, o du selige,
gnadenbringende Weihnachtszeit!
Christ ist erschienen,
uns zu versühnen:
Freue, freue dich, o Christenheit!

3. O du fröhliche, o du selige,
gnadenbringende Weihnachtszeit!
Himmlische Heere
jauchzen dir Ehre:
Freue, freue dich, o Christenheit!

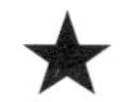

4. O du fröhliche, o du selige,
gnadenbringende Weihnachtszeit!
König der Ehren,
dich wolln wir hören:
Freue, freue dich, o Christenheit!

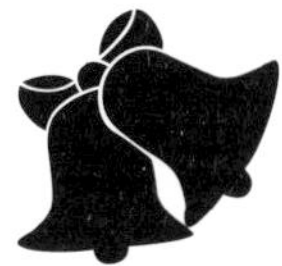